LA EVOLUCIÓN DE LA FORMA DEL ESPACIO PÚBLICO

ANGELIQUE TRACHANA

Angelique Trachana
Es Dra. Arquitecta, Profesora
de las Universidades de Alcalá y
Politécnica de Madrid.

Trachana, Angelique
    La evolución de la forma del espacio público. - 1a ed. - Buenos Aires: Nobuko, 2008.
    112 p.: il.; 21x15 cm. - (Textos de arquitectura y diseño)

    ISBN 978-987-584-185-7

    1. Proyectos Arquitectónicos. I. Título
    CDD 720.01

Textos de Arquitectura y Diseño

Director de la Colección:
Marcelo Camerlo, Arquitecto

Diseño de tapa:
Sheila Kerner

Diseño y armado digital:
Miguel Novillo

Hecho el depósito que marca la ley 11.723

I.S.B.N. 978-987-584-185-7

Octubre de 2008

Angelique Trachana

La Evolución de la Forma del Espacio Público

nobuko

ÍNDICE

LA EVOLUCIÓN DE LA FORMA DEL ESPACIO PÚBLICO

EL ESPACIO PÚBLICO: FORMA Y SIGNIFICADO

'¿Cómo dudar que la perenne alegría de las gentes del Sur, en las
costas helénicas, en el mediodía de Italia, y otras felices comarcas, es,
en primer lugar, un don de la naturaleza? Pero no es menos cierto que
las antiguas ciudades fueron imitación allí de su hermosura, obrando
ambas unánimes, con una fuerza suave, pero a la vez irresistible.
Nadie podrá dudar de este intenso influjo del ambiente exterior sobre el
sentimiento humano, si alguna vez representóse vivamente las bellezas
de una antigua ciudad. Tal vez el mejor estímulo para ello sean las ruinas
de Pompeya.
Quien, por la tarde, después del penoso trabajo diario, dirige sus pasos
por el foro, siéntese irresistiblemente atraído por la escalinata del templo
de Júpiter para admirar desde su plataforma las hermosas disposiciones
que irradian una plenitud de armonía, cual música rica en sonidos llenos y
puros. En tal lugar qué bien entendemos las palabras de Aristóteles,
cuyos principios de urbanización resúmense en que la ciudad se edifique
de modo que dé a los hombres seguridad, y les haga felices.
Para lograr esto último, el urbanismo debiera ser, no sólo un problema
técnico, sino en verdadero y máximo sentido, también de arte.
Tal fue en la Antigüedad, en la Edad Media, en el Renacimiento, en todos
los pueblos donde las bellas artes cultiváronse. Tan sólo en nuestro siglo
matemático, los ensanches y disposiciones urbanas, resultan casi exclusivamente asunto técnico; parece por tanto conveniente indicar una vez
más que solamente se resuelve así una parte del problema, quedando
otra en pie, de la misma importancia cuando menos".[1]

La dificultad que experimentamos al tratar de definir los lugares
públicos propios de la cultura actual, se debe a nuestra incertidumbre
sobre lo que es o debe ser la ciudad contemporánea. Es preciso por eso
clarificar la nueva idea de ciudad que tenemos para avanzar hacía una
idea del espacio público. Repensar los posibles nuevos lugares públicos,
significaría, definir un concepto de ciudad.[2]

Una ciudad en la que prevalecen los "no lugares" con propiedad se
denominaría la "no ciudad". Bernardo Secchi con razón decía que la
imagen de la ciudad contemporánea es la de una ciudad que ya existe,
pero que está en la espera de un proyecto".[3]

Ésta es una clave importante para comprender el problema fundamental de la ciudad de hoy que ya no se concibe como forma arquitectónica del espacio público y tiende, cada vez en mayor medida, a la privatización del espacio público. En esta dirección habría de orientar una reflexión sobre un tipo de proyecto necesario para restituir los valores del espacio público en la forma urbana de nueva generación, o en la transformación de los espacios preexistentes. Con eso queremos decir que la ciudad contemporánea se irá perfilando a la luz de los proyectos que sobre ella seamos capaces de formular.

Algunos anuncian la ciudad del futuro, pero lo más interesante es dar forma reconocible a la ciudad del presente a partir del análisis y la interpretación que de ella hagamos. La comprensión de la realidad y la detección de los problemas nos daría importantes claves para avanzar hacía un proyecto ambiental y estructural que incorpore las enseñanzas de la ciudad en la historia. El conocimiento de los paradigmas que la historia nos proporciona y el reconocimiento de valores y significados de los espacios públicos puede constituirse en una guía para avanzar hacia la solución de los problemas actuales de la ciudad.

Los lugares públicos no obstante no son asunto exclusivo de la arquitectura y el proyecto. No hay lugar público si no hay ciudad, si no hay ciudadanos, personas que circulan, se reúnen y se expresan libremente en un espacio que es de todos y sobre el que nadie puede reservar el derecho de admisión. La arquitectura sólo puede ser intérprete de la realidad social; pero no hay duda de que el discurso sobre la arquitectura puede contribuir a configurar esta realidad social en uno u otro sentido.

Quienes proyectan para la ciudad actual racimos de urbanizaciones colgadas de la autopista, quienes consideran que los lugares públicos de hoy son los centros comerciales al borde de la autopista y los intercambiadores de transportes, los escépticos de la ordenación y la planificación del territorio y toda una última generación de expertos e ideólogos pragmáticos y relativistas que aceptan y preconizan el orden del caos como reflejo natural e inevitable de una realidad económica y social, desde luego desarrollan una intensa labor de configuración de esa realidad, pero esta vez, como aliados objetivos de aquellas fuerzas que nos empujan a esa especie de barbarie cuya traducción urbana es la segregación, el ghetto, la fortificación y el blindaje.

Foro de Pompeya.

La oposición a este modelo está en nuestra memoria, en las hermosas ciudades a las que hemos viajado para visitar, los grandes ejemplos de nuestra cultura mediterránea. No se trata de mitificar ni de imitar mecánicamente a estos lugares, pero, sin duda, encontramos estímulos, se crean lazos de afectividad y empatía y nos inquietan al establecer comparaciones y al hacernos pensar sobre los problemas del espacio público que se produce hoy. La presencia de los lugares públicos en la ciudad histórica nos remite a conceptos, significados y actitudes que le otorgan una cualidad propia, una identidad reconocible.

El espacio público constituye la esencia de la ciudad, su propia definición. El ser de la ciudad está basado en la presencia y coexistencia de la diversidad de personas, de comunidades, de actividades y de culturas que establecen entre sí relaciones de cooperación y complementariedad. La organización social tiene un reflejo directo en la estructura física de la ciudad. Las instituciones sociales se manifiestan externamente con edificios y configuraciones espaciales. A través de la morfología y tipología de las ciudades en la historia leemos el carácter democrático o carácter impositivo del gobierno de estas ciudades. Los tipos estaban ya constituidos en las tempranas civilizaciones mediterráneas y su eco nos llega hasta hoy. Los tipos de espacio público que se han dado en la sociedad occidental europea y que se han transmitido en los otros continentes donde ha dominado occidente descienden de los arquetipos del ágora griego y el foro romano.

Desde la más remota antigüedad las ciudades se dotaban de instituciones y sistemas de representación; desde la escritura y los diversos sistemas de registro de la memoria y de las creencias, a los monumentos y lugares significados que registraban acontecimientos excepcionales. La armoniosa conjunción de las actividades cotidianas y las necesidades simbólicas daban lugar a configuraciones espaciales significativas que constituían representaciones del imaginario social.

Porque como decía Pausarías "no puede llamarse en realidad ciudad allí donde no existen edificios públicos y plazas donde se reúnan magníficas obras artísticas y se concentran los edificios monumentales".
Aristóteles exigía para la polis "una disposición urbana en que los templos consagrados a los dioses y los demás edificios del estado, se agrupen en forma adecuada".

Los dos arquetipos espaciales de la civilización mediterránea, el ágora griego y el foro romano, constituyen dos categorías conceptuales que representan la evolución de una a la otra y, a la vez, su antítesis. Se trata de la evolución de una libre configuración espacial hacia un espacio controlado por un proyecto unitario que se expresa como voluntad de poder. Sobre estas dos premisas, de la disposición libre por adición de edificación, por un lado, y el control total de la forma, por el otro, se desarrolla dialécticamente el espacio público de la civilización occidental. Las características físicas y arquitectónicas de estos tipos espaciales son inductoras de distinto comportamiento social: según las reglas democráticas, uno, y el autoritarismo, el otro.

A partir del ágora hay una línea ascendente de configuraciones espaciales que se manifiesta con más fuerza en la época medieval y en las vanguardias del siglo XX. Del foro asciende la línea del barroco.
Entendemos el barroco, con Mumford, como período que abarca los siglos siguientes de la Edad Media hasta nuestros días. En este espacio de tiempo también hay intervalos históricos y acontecimientos que se han manifestado creando espacios que obedecen a un orden antropológico y más primario como el ágora griego.

EL CONEPTO DEL ESPACIO EN GRECIA

Sobre el espacio griego, el ágora en particular como el espacio público por excelencia, se extiende una visión muy generalizada que lo describe

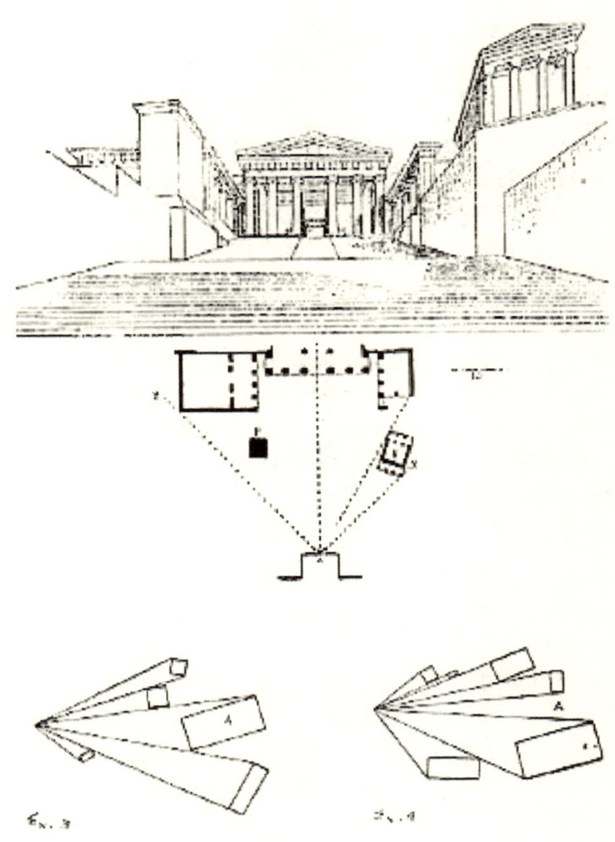

Visión de los Propyleos de la Acrópolis de Atenas.

Perspectiva jónica y perspectiva dórica.

como un espacio libre, abierto hacia el infinito, definido por volúmenes puros que no cierran los vacíos, con falta de ritmos espaciales internos, que se disponen con escenario siempre el horizonte.

Bruno Zevi[4] caracteriza a estas formas como "insuperadas joyas de gracia escultórica reposada y reposante, terminada en su abstracción, olvidada de todo problema social, autónoma en su fascinación contemplativa e impregnada de una dignidad espiritual nunca más alcanzada".

Pero en la realidad, el concepto del espacio griego, empezando por las correcciones ópticas, es mucho más complejo, en absoluto primario, y más que el resultado de la pura sensibilidad plástica era fruto de un concienciado conocimiento de los efectos ópticos debidos a la fisiología de la visión y de las leyes gestálticas; tiene mucho que ver con el concepto de teatro que también pertenece a la antigua Grecia. *Theatron* significa espacio para mirar y, en cierto sentido, se convierte en la idea del espacio público que se tiene en Grecia.

Trayendo a la luz, de nuevo, **la teoría de Doxiadis**, se demuestra que detrás de la disposición aparentemente libre y pintoresca de los volúmenes que configuran el espacio de las plazas o los santuarios, se escondía un cálculo y un control severo de la forma que dominaba sus efectos sobre los sentidos, tal como lo intuía también Camillo Sitte. Las acrópolis, las ágoras, los santuarios en la antigua Grecia, según Doxiadis,[5] son espacios que claramente manifiestan las relaciones armónicas de los volúmenes y los vacíos a su alrededor, al observador que mira cambiando de posición dentro de estos armónicamente ordenados, espacios. En todo momento en su visión se proyecta su ordenación armónica en si absoluta.

Este principio teórico de la armonía de las formas y del espacio con respecto al observador, pronto se reveló que se debía a la fisiología de su visión y a su posición. A partir de aquí se trataba de definir las posiciones críticas del recorrido a seguir para mirar. Así que los estudios teóricos sobre los monumentos de la arquitectura clásica han versado en torno a esta tesis estética.

Con las "correcciones"[6] ópticas, que estudió Penrose y otros, se trataba de contrarrestar las distorsiones ópticas que sufren las formas. Sea por la luz, sea por la influencia que ejercen entre sí las formas, sea por la distancia de la posición de donde miramos, se deben en la fisiología de

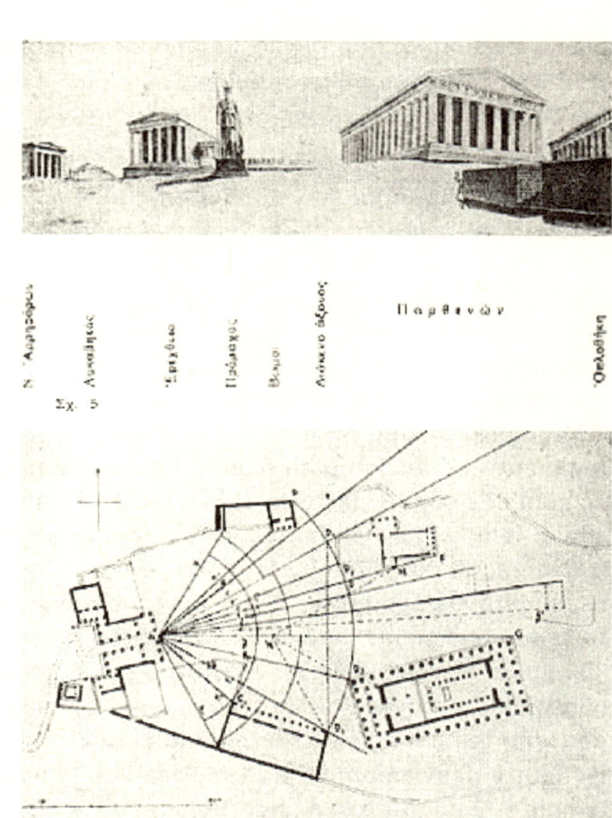

Trazado armónico de los edificios de la Acrópolis.

nuestra visión. Las correcciones ópticas constituyen la primera intuición para una concepción visual del espacio y de la forma que nos ofrecen los monumentos antiguos.

Pennethorne formuló una teoría según la cual las proporciones de las alturas se proyectan sobre la superficie de una esfera en cuyo centro está el observador. Y Choisy[7] con sus brillantes observaciones ha ido más allá de las correcciones ópticas. Uno de los muchos ejemplos de Choisy que muestra el espíritu de sus observaciones es la representación de los Propileos. El esquema muestra la planta de los Propileos: un cuerpo central simétrico y dos alas esencialmente desiguales. A la izquierda la mayor, a la derecha la menor y delante de ella el templo de Apteros Nike. ¡Qué cosa más irregular aparentemente este plano! Pero, realmente, es un conjunto equilibrado donde la simetría de las masas se combina con la más original variación en el detalle. El ala derecha con el templo de Nike forma una masa equivalente a la masa de la izquierda, de modo que para un observador situado en el principio de la escalinata los dos radios visuales tangentes a los dos volúmenes tienen la misma inclinación con respecto al eje central. El arquitecto amputó el ala derecha, como por respeto al contorno de Nike, para conseguir la proyección de todo el templo sobre el cielo. Además este pequeño templo no se ha orientado paralelamente al eje de la composición, otra desviación de la regularidad que llama la atención hacia el templo y le confiere una importancia que le negarían sus escasas dimensiones. En la planta, la simetría visual es impecable. En el alzado, falta a la izquierda algo para contrarrestar el pedestal de pequeño templo. Se ve que el pedestal donde los romanos colocaron la estatua de Agripa, se levantaba sobre una antiquísima cimentación. La ruina muestra que aquí estaba un pedestal colosal necesario para la simetría.

No importa si Choisy se equivoca al respecto. En lo esencial sus observaciones son ciertas aunque no sospecha que sus comprobaciones derivan de un principio general que se le escapa. En este ejemplo se ve que mientras evidencia la igualdad de los ángulos, no se ocupa en absoluto de las distancias. Se señala, aunque no se explica el hecho de que el ángulo visual derecho de los propileos se forma por la prolongación de la tangente al templo de Nike, principio, cuyo cumplimiento general vendrá a demostrar la teoría de Doxiadis.

La aportación de Doxiadis consiste en completar la observación sobre el efecto estético que produce la ordenación del espacio en Grecia y consigue alcanzar los principios fundamentales de donde derivan estos fenómenos, conciliando los dos caminos hasta ahora separados que habían seguido, por un lado la teoría de la armonía del espacio, y por otro la teoría de la percepción sensitiva del artista, que en cierto modo intuye el principio fisiológico de la visión sobre el cual, parecía, se basaba la armonía del espacio, indiferentemente si el conocimiento matemático de este principio permaneciera al final oculto.

Este conocimiento matemático parece que es lo que nos ofrece la teoría de Doxiadis. Su teoría demuestra que la representación del espacio que concebían los antiguos griegos estaba de acuerdo con la fisiología de la visión humana. Realmente la operación mental que hacemos para pasar del conocimiento de las tres proyecciones ortogonales de la forma o del espacio a su representación es una operación de abstracción analítica, a veces compleja y difícil. Pero la representación que nos proporciona la visión es simple, obvia e inmediata. Ante los datos sensitivos no parece que haya ninguna contradicción con las operaciones mentales. La mente y la sensitividad humana desde la infancia se han ejercido, y siguen haciéndolo diariamente en la vida, colaborando en la proyección central de las formas y el espacio.

En la proyección central o polar del espacio y de la forma el sentido de la visión tiene la capacidad de contar las distancias que nos separan de los objetos, estimar, diríamos, la longitud de los radios así como su incli-nación hacia la derecha y hacia la izquierda, arriba y abajo respecto al eje imaginario que determina la dirección de nuestro cuerpo, es decir, calcular los ángulos. Esta proyección central es acorde con nuestra psi-cología. El observador estando en el centro como el origen de los tres ejes ortogonales se convierte en el metro, en el criterio del espacio y de las formas.

Era natural que el agudo pragmatismo de los antiguos griegos recono-ciera el equilibrio de esta representación del espacio de acuerdo con la psicología humana. La racionalidad les dictaba aquí también cómo esta división rítmica del espacio en intervalos, que se irradiaba en torno al observador como centro, necesariamente tenía que inscribirse al esquema más perfecto que existe, la esfera. El espacio se divide en esferas concéntricas, que por simplificar se sustituyen por superficies cilíndricas, y a lo ancho en sectores del mismo ángulo. Los radios de estos cilindros son múltiplos de una medida antropomórfica: 100, 150, 200 pies. En esta división del espacio en intervalos como los intervalos musicales viene a inscribirse la música de las formas como respectivamente en aquéllos se escriben las alturas de los tonos. Tan sencillo como las grandes verdades, principio igual que aquellas "pequeñas" verdades de "Rodin" que conducen a toda la verdad.

Con razón pues, esta teoría, sitúa el observador en el centro del trazado armónico del espacio. Se diría, de otra manera, como centro o centros del trazado se escogen aquellos puntos del recorrido que quisiera seguir el visitante o el devoto, para acercarse a los monumentos. Con respecto a estas posiciones, -que es la puerta o los propileos de un recinto o de una acrópolis, el final de una escalinata, la apertura hacía una plaza o un ágora, una calle o cualquier otra cosa- con respecto a las exigencias visuales de estos puntos, sentía la lógica antigua la obligación de ordenar la composición arquitectónica, de modo que el observador que la contemple por primera vez, conservase la más completa y sintética imagen del conjunto, visto éste no independientemente, sino en una unión absoluta con su entorno natural, de modo que la montaña, la colina, la ladera, la simetría o la asimetría del paisaje, los puntos del horizonte, se convertían en elementos esenciales de la composición y en cada situación sugerían la solución más adecuada. La imagen del conjunto único e integrado lo gobernaba bajo la aparente libertad y asimetría de las masas, invisible, como la requería Heráclito, la perfecta simétrica armonía de la esfera. Ésta era la opción estética, acorde con el espíritu griego confiada a la pura sabiduría de la esencia artística del hombre. Este espíritu sería absolutamente contrario a la lógica teocrática egipcia, por ejemplo.

¿Pero de acuerdo con qué principio o principios concibieron los antiguos la inscripción de la composición formal en la división rítmica del espacio? En eso fue completamente original el estudio de Doxiadis con respecto a los que se habían dado hasta entonces. A veces, detecta que la composición se fuga hacia el espacio dejando la visión escapar libre a lo lejos del horizonte, a veces se cierra acercando las masas a través de un cambio de la distancia de enfoque... pero que nunca un edificio oculta a medias otro. Eso sería defecto para la composición y precisamente el objetivo era mantener su visión completa para cada punto crítico del

recorrido. Entre las dos opciones y dentro de un ámbito donde debía
regir la economía, el espíritu lógico de los antiguos encontró la solución
del espacio. Allí donde terminaba la proyección de un monumento
empezaba la del otro. O dicho de otro modo, la visual trazada por una de
las aristas de un edificio o de un pedestal, pasaba por la arista del que
visualmente estaba después, de manera que las dos proyecciones
tengan una tangente común. Dado que la arista que se tomaba era la
mayoría de las veces la primera grada del estilobato o la basa de un
pedestal, siempre quedaba un pequeño intervalo de espacio libre, una
fuga hacia el infinito se insertaba siempre entre ellos. Este principio
aseguraba la unidad de la composición y la sellaba con una economía y
una sencillez verdaderamente griegas.

La reunión de las masas mantiene siempre la escala humana de los
monumentos, equilibra la energía degradante del espacio luminoso, le
confiere al espacio familiaridad. Mientras para los jonios, el espacio está
visualmente cerrado y el templo o el edificio principal ocupa en relación
con un supuesto eje de composición, la posición dominante, en los
conjuntos dóricos se nota con respecto a este eje una fuga de la composición hacia el infinito, hacia un punto del horizonte de manera que no
intercepte siquiera la vista de la montaña más lejana. El vacío donde se
levanta el edificio principal determina el camino que debe seguir el
peregrino. En resumidas cuentas, con esta teoría se demuestra la casi
ideal conjunción de sentimiento y razón en la arquitectura del espacio
griego.

EL ÁGORA

Lo que señalaba Zevi en relación con la autonomía de la forma
respecto a los problemas sociales tampoco es cierta. El ágora es un
claro ejemplo de un espacio vital donde se manifestaba la vida
cotidiana, política, cultural y espiritual de los griegos. Los santuarios,
en otro orden, también lo fueron. El ágora se situaba en el centro de las
ciudades griegas tanto las planificadas como las no planificadas, salvo
en las ciudades portuarias que se situaba junto al puerto. El ágora
ateniense se encontraba entre la puerta principal de la ciudad y la
Acrópolis. Atenas ilustra claramente la polis griega como construcción

de un espacio cívico. El extranjero que atravesaba el *dipylo*, la puerta de la ciudad, se encontraba con la vía *panathenaia,* un eje que se dirigía a través de las distintas instituciones y monumentos del ágora hacia la acrópolis donde la ciudad se culminaba en magnificencia y esplendor.

La vitalidad de un espacio como el ágora griego estaba ligada a las condiciones climáticas de Grecia tan beneficiosas en cuanto que estimulantes de la actividad al aire libre, la vida comunitaria y la comunicación que fomentó el pensamiento filosófico y el desarrollo de la democracia griega.

Si la ciudadela representaba el poder autoritario, el ágora representaba el poder democrático. Originalmente Atenas se desarrolló en torno a la Acrópolis, plaza fuerte que encerraba los palacios de los primeros reyes míticos y los santuarios. A inicios de la época clásica, la colina de la Acrópolis se convirtió exclusivamente en un territorio religioso, situado por encima de la vida más variada del ágora. Aristóteles señalaba que este desplazamiento en el espacio también era lógico de acuerdo con los cambios políticos de la ciudad. En la Política escribió: "una acrópolis es propia de la oligarquía y de la monarquía; de la democracia una llanura".

Los griegos iban a la plaza fundamentalmente para saber. El ágora no era solamente un lugar para los negocios particulares sino para la información y la discusión de las cosas comunes. En las estelas se grababan las cosas que todos debían saber. En las estoas se reunían en corrillos para discutir las cosas políticas que se debatían en *Boulé* o salían en votación en la *ecclesia* de *demos*. Los juicios que se celebraban públicamente también eran temas de discusión y sus deliberaciones, sabemos, estaban supeditadas en la opinión pública. Los atenienses dedicaban gran parte de su tiempo a los intereses generales. Para Aristóteles como para los atenienses y, ciertamente para las elites de las sociedades occidentales hasta la Edad Moderna, la lucha material para la existencia era degradante.

Las grandes obras públicas como son las de la Acrópolis representaban el esfuerzo cívico y colectivo. La ubicación del Partenón, visible desde muchos lugares de la ciudad -desde los asentamientos nuevos al igual que desde los barrios viejos-, proporcionaba la imagen de la unidad de los atenienses. M. I. Finley ha denominado acertadamente

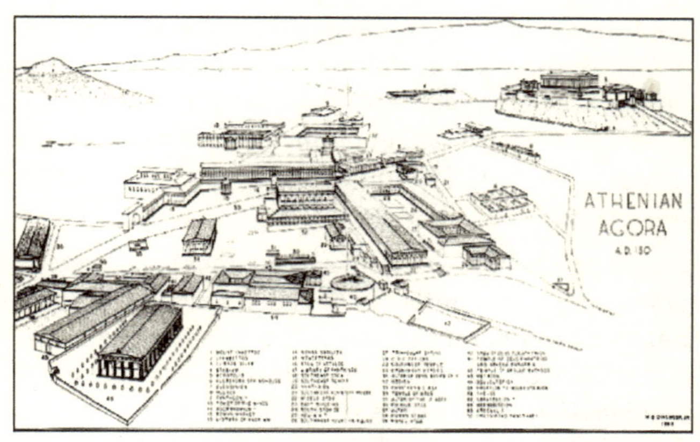

El ágora de Atenas.

Estoa de Priene.

su autoexhibición, su capacidad de atraer las miradas, "exterioriza-
ción". El templo aporta una clave respecto a la forma urbana griega
en general. Esa forma de exteriorizarse los edificios a través de un
juego de superficies, esta envolvente espacial proporcionaba a los
griegos, en cierta forma analógica, un lugar donde exteriorizarse ver-
balmente.

En las academias atenienses se educaba a los jóvenes mediante la
discusión y los edificios del ágora eran los que principalmente se desti-
naban a esta práctica. Las *estoas* estaban para las reuniones informales
y discusiones comunes. El *Bouleuterion* era el edificio del Consejo donde
se discutían los asuntos políticos por unos 500 ciudadanos principales.
En el ágora estaba también el *Tholos*, donde los problemas comunes
eran debatidos diariamente por una comisión permanente de 50 dignata-
rios. *Areios Pagos*, el tribunal de justicia, también estaba en las proximi-
dades del ágora y podía albergar a 1.500 personas. En la ladera de Pnyx
se construyó un lugar para la asamblea de todos los ciudadanos, la
Ecclesia de demos.

En este período (clásico) las instituciones democráticas de la ciudad
funcionaban plenamente y para cada una de ellas se ha configurado un
espacio específico. Muchos de esos tipos de edificios institucionales
como el *Bouleuterion* con su hemiciclo, el *Theatron* (teatro), o el *Odeion*
(auditorio), permanecen vigentes hasta nuestros días.

Si los bellos edificios de la Acrópolis estaban siempre a la vista para
recordar a los atenienses las elevadas aspiraciones a que estaba
dedicada su ciudad, si la Acrópolis ofrecía la imagen de la ciudad ideal,
el ágora organizaba la vida cotidiana de la ciudad.

Aunque no respondía a un plan director, la aparente individualidad de
cada uno de los edificios del ágora estaba sometida en unas relaciones
complejas respecto a los demás y con la topografía y el paisaje. Los
edificios se situaban según el canon de la visión perspectiva y no de la
geometría abstracta. La adecuación del enclave de cada uno de ellos a
su forma, dimensión y jerarquía era más importante que un esquema de
trazado simbólico-geométrico. El espacio del ágora que constituía el
entorno de estos edificios era un espacio fluido y abierto que se fundía
con la naturaleza. Esta imagen era representación también de un orden
político inestable como es habitual en la democracia. La organización

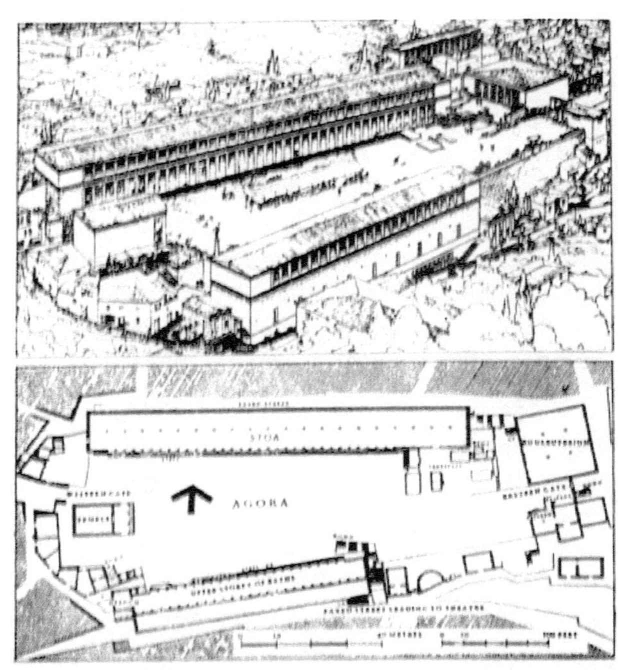

Ágora de Assos.

Estoa de Atalos, Atenas.

del espacio según este orden "natural", correspondía con un comportamiento humano libre, espontáneo e igualitario.

En el concepto espacial griego, los elementos geográficos estaban profundamente entrelazados con la arquitectura hasta formar parte sustancial de ella. En la ciudad de Assos, por ejemplo, de época helenística, el ágora que ha sido restituido a través del dibujo con cierta precisión, se dispone en un espacio que delimitan las estoas que a la vez son muros de contención que permiten el aterrazamiento de la ladera en que se asienta la ciudad. En esa plataforma se asienta el ágora y las estoas alojan las escaleras que permiten pasar de un nivel a otro.

En el ágora tenían lugar muchas actividades distintas simultáneamente: desde ritos religiosos, danzas y otras manifestaciones artísticas que se celebraban al aire libre, a operaciones bancarias, negocios... etc. Aquí se encontraba la primitiva orquesta, construcción efímera de madera antes todavía de excavarse el teatro en la ladera sur de la Acrópolis. Es en el ágora ateniense donde Zenón fundaría el estoicismo pero, también donde los sofistas seducían con la retórica.

Las estoas proporcionaban abrigo situadas en los lados occidental y septentrional del ágora ateniense en la época de Pericles. Su situación las hacía utilizables en invierno ya que su parte trasera cerrada protegía del viento y su lado frontal con columnas estaba abierto al sol. En verano proporcionaban sombra y frescor.

Según se añadían edificios en el ágora a lo largo del tiempo se adecuaba el espacio circundante al movimiento. Las opciones libres de movimiento hacían que el espacio fuera adecuado para la democracia participativa. Paseando entre los distintos corrillos uno podía enterarse de lo que estaba sucediendo en la ciudad y discutirlo.

También era famosa la afición de los atenienses a los asuntos legales. Una anécdota significativa es que un personaje de "Las nubes" de Aristófanes señalaba en un mapa diciendo: "aquí está Atenas" y recibía la contestación: "no te creo; no se ven jurados sentados". Efectivamente el tribunal de justicia era un inmenso espacio sin techado que podía albergar hasta 1.500 personas. Un "jurado" debía estar compuesto al menos por 201 personas, y en general contaba de 501 y podía llegar a comprender hasta 1.500. Las paredes bajas del edificio permitían a cualquiera mirar desde fuera y la gente que pasaba podía discutir los argumentos formales.

En el ágora tenía lugar también el ostracismo, es decir, la expulsión de un ciudadano se decidía por la ciudadanía que se reunía una vez al año. Se temía la tiranía, por lo que ciertos individuos que amenazaban la democracia haciéndose tan poderosos, se situaban en el punto de mira. Se pronunciaban discursos, se elaboraba una lista y 2 meses después cuando se volvían a reunir votaban. La perspectiva del ostracismo, especialmente durante la reflexión, ofrecía unas posibilidades casi infinitas para el comercio de caballos, y la especulación. El individuo indeseable que recibía más de 6.000 votos se tenía que marchar y pasar 10 años lejos de Atenas.

Éste era el ambiente del ágora donde como dice Senett,[8] gobernaba el concepto de *orthós*, (ergido) en el comportamiento corporal. "El ciudadano trataba de caminar con decisión en medio del remolino de los demás cuerpos. Cuando se paraba, establecía contacto ocular con extraños. Mediante tal movimiento, postura y lenguaje corporal, buscaba irradiar compostura personal". Lo que dominaba en el ágora era el movimiento. A través del movimiento uno dominaba el espacio y el movimiento de los demás. El orden espacial derivaba del comportamiento corporal y los recintos del ágora se concebían para hacer en ellos uso de la palabra. El tholos, el bouleuterion y el teatro excepto el Odeion concebido para la audiencia de la música, eran espacios concebidos para que el *logos* pudiera brotar y establecerse comunicación visual.

Como en el graderío teatral, en el hemiciclo que se utilizaba para la política en el bouleuterion y también en la colina de Pnyx, una idea de teatralidad generalizada dominaba el espacio griego concebido para que un actor o un locutor pudiera ser visto desde todos los ángulos igual. Pero al contrario que el espacio del ágora, el espacio del teatro presentaba un orden riguroso que organizaba perfectamente a la multitud y potenciaba la voz solitaria del actor, que era el orador del teatro político, quien se exponía ante todos haciendo visibles todos sus gestos. Se trataba de una arquitectura de exposición individual. Este orden afectaba a la manera de los propios espectadores sentados. Sentarse también significaba someterse, de lo que se podría trascender que los griegos se sometían por esta avidez de saber que tenían. En el teatro que no en vano se llamó la escuela del pueblo, se utilizó la posición sedente de la tragedia. La audiencia sentada estaba literalmente en una posición que le permitía manifestar su empatía con el protagonista vulnerable de la tragedia. El *pathos* se oponía al *orthós*. Tanto los cuerpos de los espectadores como los de los actores se hallaban en una posición "sumisa a una ley superior"; un orden que revelaba la estructura del ser interior. Los griegos querían saber y esta máxima se expresaba en *gnocis eautón* (conócete a tí mismo).[9]

El poder de la retórica también era el del *pathos*. Hesiodo (*Obras y días*) se refiere al *pathos* seductor de Pandora que engendró "mentiras y palabras especiosas y métodos arteros... para ser ruina de los hombres y de sus asuntos". El *tropos* de dicción jugaba con ilusiones y ese *tropos* tenía un valor diferente en el drama que en la política; en resumen, constituía más información que experiencia, además de carecer de significado y lógica, se convertía a una distinta disposición del cuerpo hacia el espacio. El arquitecto del espacio, como el orador, hacía ver bajo una nueva luz una imagen creada según su particular visión. La voz solitaria se apoderaba del público. Los atenienses conocían y temían los poderes peligrosos de la voz solitaria. El valor que daban a la serenidad y la moderación era para los griegos también la manera racional de actuar y así conformaron las piedras que habían de proporcionar a la ciudad el poder para razonar, creando el lugar donde las palabras podían discurrir libremente.[10]

Para actuar de manera racional es necesario aceptar la responsabilidad de los actos propios. En el hemiciclo teatral que los griegos construyeron tanto para el Bouleuterion como en Pnyx, los votantes podían ser identificados individualmente y se les podía responsabilizar de sus decisiones. La disposición diáfana del teatro se contrastaba con la imprecisa visión que se tenía en el ágora y permitía a los espectadores conocer las reacciones a los discursos de los demás y como votaban. Era importante en democracia, la responsabilidad y el autocontrol. Cuando Cliscenes introdujo las reformas democráticas en Atenas en el año 508, declaró que el pueblo tenía *isegoría*, lo que puede traducirse igualdad en el ágora. La igualdad en el ágora significaba la igualdad de expresión, pero esa libertad no era suficiente para construir la democracia.
Denominaban, los griegos *parhesía*, la presencia que podía ser vigilada por todos los demás.

EL FORO

Lo que diferenciaba el ágora de los foros imperiales era la libertad de movimiento que el espacio permitía al individuo. Un foro imperial era un espacio que se destinaba a atrapar la atención a las palabras, lo que temían los griegos y lo que situaba al pueblo en la posición vulnerable de convertirse en prisioneros de las voces individuales.

Sin embargo el antiguo foro romano era un centro urbano muy similar al ágora ateniense de la época de Pericles donde se mezclaban los negocios con la política, la economía con la religión y la vida social. A nivel formal y espacial se difería del ágora por el hecho de reunir los distintos edificios en torno a un espacio rectangular perfectamente delimitado, por los cuatro lados, por peristilos. En el foro, como también ocurría en la basílica, los romanos intentaban crear un espacio en el cual una persona pudiera avanzar sin dispersarse por movimientos laterales. Es así como funcionarían también los primeros museos y espacios expositivos modernos.

Un romano en el foro habría visto las columnatas y los pórticos de los templos y las basílicas a ambos lados, y como fondo, en el extremo más apartado, la fachada del templo de la Concordia. Así que el romano no paseaba ociosamente. Los grandes edificios parecían ordenarle que se colocara directamente frente a ellos.

El templo griego, hemos visto, estaba concebido para ser visto desde muchos puntos de la ciudad y para que el ojo del espectador recorriera el exterior del edificio. El templo romano, por el contrario, pretendía situar al espectador sólo de frente; toda su decoración ceremonial estaba en la fachada del frente. En el interior del templo, o de la basílica o del propio Panteón el edificio ordenaba la mirada y el movimiento en una dirección. La geometría del espacio romano transmitía su disciplina al movimiento corporal y, en ese sentido, comunicaba la orden de mirar y obedecer. Este mandato se solapó con el otro *dictum* romano, el de mirar y creer. El propósito era exhibir el poder del César, su linaje (linaje de dioses), al situar al espectador directamente frente al templo, subrayando los orígenes supuestamente divinos de su familia hacía sentir su poderosa presencia cuando César estaba ausente.

La geometría del poder en el centro de Roma, igual que en las ciudades provinciales, redujo la exhibición de diferencias humanas. A medida que el foro romano se fue regularizando, se expulsaron los carniceros, los tenderos, los pescaderos y los comerciantes de la ciudad que se desplazaron en los diversos barrios de la urbe, dejando los asuntos del foro, en el período final de la República, a los abogados y los burócratas. Después cuando los emperadores construyeron sus propios foros también ellos abandonaron el foro romano para seguir a sus amos a nuevos espacios. En la jerga actual, los edificios se hicieron más "monofuncionales" y para la época de Adriano muchos ya se encontraban prácticamente vacíos. Muchas de las actividades políticas y comerciales que en el ágora exigían espacios abiertos se trasladaron a la periferia. "En este mundo tan planificado había poca necesidad de los valores ambiguos de la estoa", escribe el arqueólogo Malcolm Bell.

Este centro de Roma, al reducirse la diversidad, se convirtió en el lugar dedicado al ceremonial, un punto en el que el poder se investía de los tranquilizadores atavíos y roles de la pantomima. Por ejemplo, hasta el año 150 a.C. aproximadamente, tanto los juicios con jurado como ciertas votaciones realizadas por los ciudadanos se celebraban en el Comicio, edificio situado al lado del foro romano. Cuando en el foro romano dejaron de ofrecerse raros albaricoques de Esmirna o testículos de toro, la votación y la discusión política también lo abandonaron. Los oradores arengaban a la multitud desde los rostra, originalmente una plataforma curvada que sobresalía del Comicio, y la voz del orador se veía reforzada por el sólido edificio que se encontraba en sus espaldas. Cuando Julio César trasladó los antiguos rostra al extremo noroccidental del foro romano, quería dar a entender que esta nueva tribuna sería para declaraciones ceremoniales más que para la participación política. El orador ya no hablaría rodeado por el pueblo desde tres lados. Por el contrario, se colocaba como un juez en el interior de las basílicas más antiguas. Su voz llegaba ahora débilmente al exterior, pero eso no importaba. Tenía que aparecer, señalar con el dedo, echarse las manos al pecho, extender los brazos; debía parecer un estadista a la amplia multitud que no podrá escucharlo y que en cualquier caso había perdido el poder de influir en sus palabras.

Ese orden visual también impuso su impronta en los edificios del Senado romano, cuando la suprema institución de la República romana entró en decadencia con la llegada de los emperadores, hasta convertirse en un organismo fundamentalmente ceremonial. El senado ocupaba

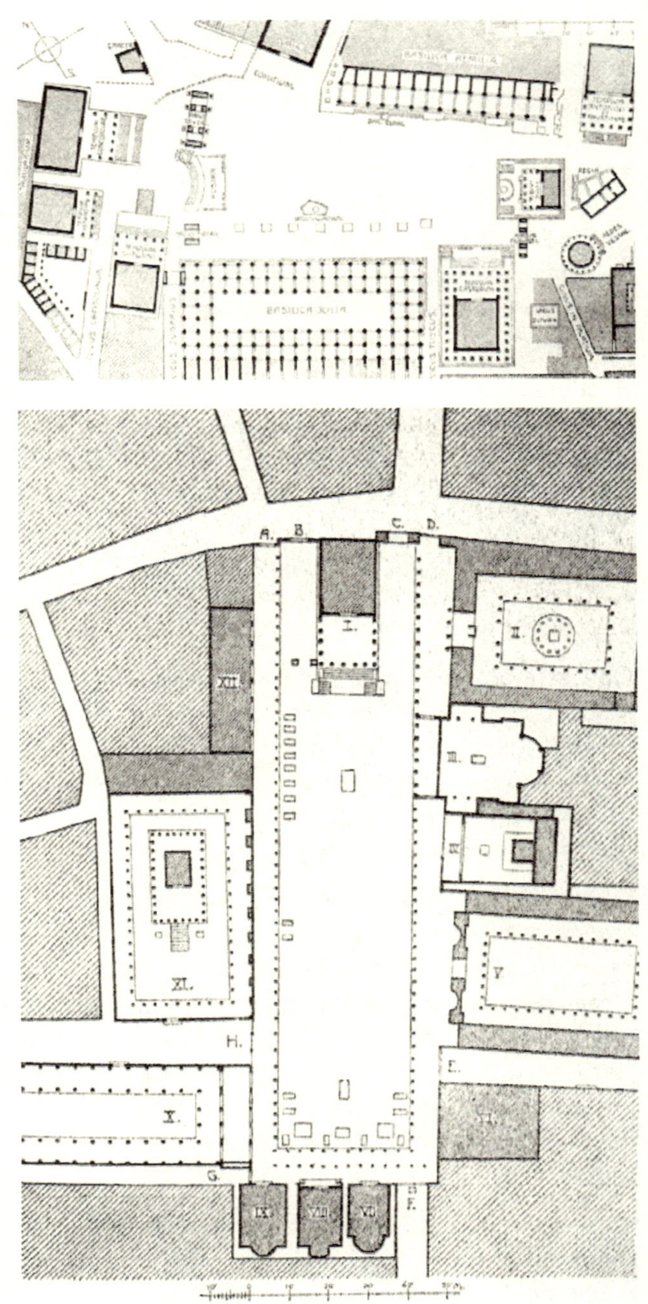

Foro romano.

Foro de Pompeya.

un lugar prominente en el foro romano, en la Curia Hostilia, albergando a los 300 senadores en un edificio dispuesto interiormente en varios niveles. Julio César sacó del foro la Curia, que quedó oculta detrás del gran edificio de la Basílica Emilia. En la Curia Julia, las votaciones no eran como en la colina del Pnyx. Los senadores se desplazaban desde un lado del pasillo, que llevaba desde la entrada hasta el podio de los senadores, hasta el otro, permaneciendo en la hilera correspondiente a su rango, los más antiguos adelante y los más nuevos atrás, y el presidente consideraba tomada una decisión cuando veía más personas a un lado que a otro.

El adulador Veleyo Petérculo evocaba el resultado de estos cambios visuales en términos elogiosos para el primer emperador Augusto: "El crédito se ha restablecido en el foro; las disputas se han eliminado del foro; la búsqueda de votos, del campo de Marte; la discordia, del edificio del senado. La justicia, la equidad y la industria, que yacían en el olvido desde hacía tiempo, han sido devueltas al Estado... se han suprimido los tumultos en el teatro. Todos se han visto imbuidos del deseo de hacer el bien o se han visto obligados a actuar de esa manera".

Convertido en un espacio ceremonial, dignificado, desprovisto de negocios, sexo indecoroso o trato llano, el foro romano se volvió aún más mortecino en la época de Adriano. El viejo centro urbano se había convertido en un lugar en el que según las expresivas palabras de Veleyo "Todos se han visto imbuidos del deseo de hacer el bien o se han visto obligados a actuar de esa manera".

La historia del foro romano prefiguró la secuencia de los grandes foros que se construyeron bajo el imperio. Hacia el final de la época imperial, éstos constituían inmensos espacios ceremoniales que los romanos atravesaban longitudinalmente, ante edificios enormes e impresionantes, que representaban la majestad de los dioses vivos que regían sus vidas. Haciéndose esos espacios cada vez más intimidantes, las voces de los ciudadanos se iban debilitando. Las órdenes visuales que los romanos daban a los pueblos conquistados cuando construían las ciudades también regían sus propias vidas.

El foro simbolizaba la fundación de la ciudad. Era el lugar donde se realizaba el ritual de la fundación y en todas las ciudades romanas a lo ancho del imperio se repetía de la misma manera. En realidad, se trataba

de la repetida escenificación del mito de la fundación de Roma por
Rómulo. Para fundar una ciudad, o refundar una ciudad existente,
destruida en el proceso de conquista, los romanos establecían un centro
que denominaban *umbilicus*. A partir de ese punto obtenían todas las
medidas de la ciudad y trazaban su límite haciendo un surco denominado *pomerium*. Éste constituía el límite sagrado. Al contar ahora con un
centro y un límite trazaban en ángulo recto las dos calles principales,
que se cruzaban en el *umbilicus*. Estas calles recibían el nombre de
decumanus maximus y de *cardo maximus* y dividían la ciudad en cuatro
cuadrantes. Estos cuadrantes se dividían en cuatro de nuevo y así sucesivamente. Al *umbilicus* le daban un inmenso valor religioso ya que significaba que la ciudad, a través de ese punto, quedaba vinculada con los
dioses que moraban bajo la tierra y por encima de él con los dioses de la
luz que habitaban en el cielo. Cerca de él se cavaba un agujero denominado *mundus*, que consistía en una cámara o dos consagradas a los
dioses infernales. Allí se depositaban frutas y otras ofrendas. El ritual se
destinaba a propiciar a estos "dioses infernales". Cubierto el *mundus*, se
encendía el fuego. Ahora ya habían "dado a luz" una ciudad. La domina-
ción romana se llevó a cabo fundando y refundando ciudades siempre
con el mismo ritual, la misma escenificación. En las Galias, en el
Danubio, en Bretaña, en África, se pronunciaban las mismas palabras y
se ejecutaban los mismos gestos para conjurar la misma imagen del
lugar. Como un director teatral, el planificador romano trabajaba con
imágenes ya establecidas. Y esta pantomima de la refundación de Roma
afectaba las vidas de los conquistados hasta tal punto que los conquis-
tadores creían que la forma urbana contribuiría para que los bárbaros
asimilen rápidamente a las costumbres romanas. Con esta forma de
superposición de un recuerdo lejano que simbolizaba la imposición de
"Roma", el modelo de "Roma" dejaba su impronta en todo el mundo.

Camillo Sitte ahonda en la interpretación del foro como teatro citando a
Vitrubio que dice: "Los griegos disponían sus plazas públicas en forma
cuadrada, con pórticos dobles y muy amplios, y los adornaban con
numerosas columnas y arquitrabes de piedra y mármol, encima de cuyas
cubiertas corren las galerías. Pero en las ciudades de Italia no deben
seguirse las mismas normas, teniendo en cuenta que de nuestros ante-
pasados se nos ha transmitido la costumbre de que los juegos de gladia-
dores se efectúen en el foro. Alrededor de los pórticos deben instalarse

las tiendas de los cambistas, y en los pisos superiores, balcones, todo lo cual estará adecuadamente dispuesto, con arreglo al uso diario, y encaminado a procurar mayores ingresos al estado."

"¿Qué es el foro, según esta descripción sino una especie de teatro? Véase esto todavía más claro observando el plano. Alrededor de sus cuatro lados se apiñan los edificios públicos, pero sólo en el estrecho frente norte, erguíase el templo de Júpiter, y contiguas las antesalas del edificio de los Deuriones, que parecen haber llegado hasta la plaza; el resto se rodeaba por una columnata de dos pisos, permaneciendo libre el centro, en tanto que en sus contornos se elevan múltiples monumentos, grandes y pequeños, cuyos zócalos e inscripciones todavía puédense ver, ¿Cuál fue, en su día, el aspecto de esta plaza? Según las más probables hipótesis modernas, la de una gran sala de conciertos descubierta, una sala *hípetra* de reuniones.

"De acuerdo con esos principios estaba dispuesto el Foro Romano; su contorno algo movido y los edificios que lo constituyen son públicos y monumentales; pocas calles desembocan, sin influir en la delimitación del espacio vacío, que sugiere la forma de un salón; los monumentos tampoco se erigen en el centro, sino a sus orillas. En pocas palabras, el foro es para la ciudad lo que para la casa el atrio, la sala principal ricamente dispuesta y alhajada. Por ello se ha reunido aquí gran número de monumentos, estatuas y otras joyas artísticas, pues se intentaba crear un grandioso interior hípetro". [11]

A semejanza del originario Forum Romanum Mágnum, más tarde se, construyeron los foros imperiales. En el centro de Roma, en el fondo del valle entre las colinas del Palatino y el Capitolio y el extremo de la cresta del Quirinal se construyó, entre los años 50 a.C. y 114 d.C., una secuencia de foros imperiales enlazados con un eje entre el Capitolio y el Quirinal. El Forum Romanum tuvo un desarrollo lineal que vino determinado principalmente por la topografía y por la Vía Sacra. Su carácter que en principio, durante el período "monárquico" de la historia de la ciudad, hasta 509 a.C., era comercial e irregular, fue tomando la forma regular y monumental que conservó hasta el final del Imperio. La tierra apisonada y las chozas rudimentarias, al principio, terminarían convirtiéndose en el centro urbano más complejo de la historia con múltiples funciones, desde las mercantiles y públicas hasta las políticas. Roma contaba con más de 1 millón de habitantes y como exponente del

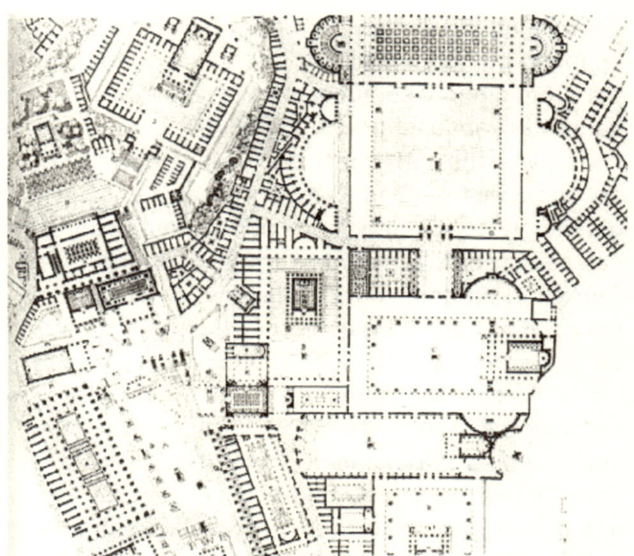

Roma, Foros imperiales.

carácter de crecimiento orgánico de la ciudad, el centro nunca fue enteramente planeado. Las nuevas funciones se agregaban a medida que surgían las necesidades. En torno a la gran plaza se agregaron los edificios más significativas, -las dos basílicas más importantes, la Aimilia y la Julia, la Curia y el Comitium, el templo de César y el templo de Saturno- "desde donde durante siglos se gobernaron los destinos del mundo antiguo".[12]

Los foros imperiales sin embargo fueron construcciones planificadas desde el principio. El primero en construirse fue el Forum Julium. El segundo fue construido por Augusto en el 42 a.C. El trazado del Forum Augusti corresponde básicamente al de un antepatio frente al magnífico Templo de Mars Ultor, flanquedo por exedras al norte y al sur. El elemento más notable del lugar señala Carcopino, era un muro de bloques de mármol, de gran altura, levantado para ocultar la visión de los míseros edificios del Quirinal.[13] Este foro se destinó también a funciones de índole jurídica. Al sur y separado de éste por una calle, la Argiletum que llevaba de la Subura al Forum Romanum Mágnum, Vespasiano erigió el templo de la Paz, frente al cual se trazó el tercer foro, que lleva su nombre. Se cree que funcionó como biblioteca pública y era lugar de reunión para debates literarios. Poco después, el espacio ocupado por la Vía del Argiletum, unos 116 x 39 metros, fue convertido por Domiciano y su sucesor Nerva (96-98) en el Forum Transitorium, llamado después Foro de Nerva. El último y más magnífico de los foros imperiales fue construido por Trajano entre 112 y 114 a partir del proyecto de Apolodoro de Damasco. Constituye el ejemplo más notable del diseño cívico romano, tanto por sus cualidades arquitectónicas intrínsecas como por los inmensos trabajos de ingeniería que requirió. Para Zucker, el Forum Traiani representa el triunfo definitivo del concepto espacial romano basado en la axialidad y simetrías absolutas.[14] Además de doblar en superficie los cinco foros existentes, su construcción sobre los terrenos sitos inmediatamente al norte del Forum Augusti, permitió resolver los problemas circulatorios alrededor del capitolio a través de una enorme obra de movimiento de tierras. La Columna de Trajano, de unos 38 metros de altura sin contar la estatua, fue erigida "para mostrar a la posteridad la altura de la colina que se había nivelado para construir el foro.[15] El foro de Trajano contaba con propileos, entrada en forma de arco triunfal, la gran plaza porticada de 115 metros de longitud por 100 de anchura, con una doble columnata frente a las dos exedras excavadas a las laderas de las colinas y la basílica Ulpia, que da frente al foro en su costado más largo (también con exedras en cada extremo). A través de la basílica se accede a un patio de 23 metros de anchura y 16 de longitud donde se yergue la columna de Trajano, flanqueado en cada lado por los edificios de la biblioteca. Como en los demás foros, el gran conjunto monumental estaba presidido por un templo, el Templo de Trajano, dentro de un espacio columnado propio.

El foro de Trajano debió ser sin duda el espacio más grandioso que se ha proyectado en la antigüedad. Hasta la época barroca no se reproducirían las causas que lo han creado. Como diría Camillo Sitte las causas esenciales que han hecho aparecer a este tipo de espacios no se perdieron nunca, sino que llegaron hasta nosotros, y aún perduran, necesitando sólo un impulso favorable para resucitar. En la historia siempre se han reciclado los tipos dando como resultado modelos evolucionados y adaptados al espíritu de cada tiempo.

EL ESPACIO MEDIEVAL
De la forma orgánica hacia el control de la forma

"En el Sur de Europa, y especialmente en Italia donde, no sólo se conservan en parte disposiciones urbanas de la antigüedad, sino también muchas costumbres de su vida pública, las plazas principales de las ciudades permanecieron hasta nuestra época fieles a la tradición del antiguo foro. Una parte importante de la vida pública érales peculiar, y en consecuencia una parte también de su pública significación, así como muchas naturales relaciones con los edificios monumentales que las rodean. Se daba la distinción entre ágora y foro por una parte, y plaza de mercado por otra, y también el deseo de reunir en ciertos puntos principales, los edificios más imponentes, adornando orgullosos este corazón de la ciudad, con fuentes, monumentos, estatuas y otras obras de arte, a la vez que con los emblemas de sus glorias históricas. Estas plazas, primorosamente ornamentadas, aun en la Edad Media y el Renacimiento eran la alegría de las ciudades: concentrose en ella el tráfico, celebráronse fiestas públicas, solemnidades y ceremonias de estado, promulgábanse leyes, etc. Según su magnitud e importancia servíanse los consejos en Italia de dos o tres plazas principales, rara vez de una sola, pudiéndose ver casi siempre la diferencia entre las jurisdicciones secular y eclesiástica, que en la antigüedad era desconocida.

"Formose en consecuencia con peculiar fisonomía, la plaza de la catedral, generalmente rodeada por el baptisterio, campanil y palacio episcopal. Aparte estaba la principal plaza civil o "signoría", al lado de ambas, y aislado el mercado. La "signoría" es una ante-plaza de la residencia del príncipe y se circuye por los palacios de los grandes del país, adornándose con monumentos y emblemas históricos. Con frecuencia hállase una "logia" para la guardia del príncipe o de la ciudad, y contiguo un cadalso para la promulgación de leyes y pregones. El más puro ejemplo tenémosle en la "logia dei Lanzi" en Florencia. Junto a la plaza del mercado está casi siempre el Consejo, disposición que en general obsérvase también en las ciudades del Norte de los Alpes".[16]

Tras la caída del imperio romano y la invasión de los bárbaros en el siglo V, hubo una extraordinaria reducción de la vida urbana hasta los siglos X y XI que se dieron condiciones de paz y florecimiento del comercio de nuevo. Entonces resurgieron muchas de las antiguas fundaciones romanas, los Burgos defensivos se orientaron hacia el comercio, muchas aldeas se transformaron en ciudades y se han fundado nuevas ciudades.

Las formas del espacio público que se dieron en la Edad Media mantenían una relación directa con la forma de crecimiento orgánico o planificado de cada ciudad, este último en menor medida. Por lo general las plazas fueron de forma irregular en sus contornos, plantas y volumetrías. Las hay de tipo ágora con sus edificios exentos apoyados sobre un espacio libre, como por ejemplo **la Piazza del Duomo de Pisa** donde se reúnen el Duomo, el Campanil, el Baptisterio y el Camposanto. Esta *piazza* es un lugar excepcional donde se excluye todo lo profano; está aislada del mundo cotidiano, el comercio y el tráfico; es un coto de elevados valores religiosos como lo fue la Acrópolis de Atenas.

Pero también habría plazas tipo foro como, por ejemplo, las que se encuentran en algunas poblaciones de la Bohemia Meridional, sur de Checoslovaquia hoy.

Procesos diversos de construcción del espacio público en los distintos países de Europa tienen no obstante los rasgos generales que nos permiten hacer unas consideraciones sobre los factores que influyen a su formación. El feudalismo, el resurgir del comercio, la industria manufacturera son las claves para entender los procesos de su formación.

El papel de la iglesia fue muy significativo en este período. La iglesia adoptó las circunscripciones administrativas del imperio como base de su organización eclesiástica haciendo corresponder cada diócesis a una *cívitas*. Pronto las sedes episcopales se convertirían en centros de actividades productivas y comerciales que superarían el ámbito local rompiendo las barreras de las economías cerradas, sin mercados, hasta entonces.

La vida monástica tendría también una gran influencia como paradigma social para las nacientes ciudades. Los siglos XII y XIII fueron el período de las grandes formaciones urbanas de Europa. Los monasterios, por otro lado, se convertían en una especie de ciudades autónomas donde se reproducían incluso los espacios urbanos porticados de la descendencia romana. Entre sus muros se encerrarían los extraordinarios peristilos que llegarían en su auge con el Cister. Se transfería así una tipología de espacio público en el espacio interior de estas comunidades con un cambio de significado, para después proyectarse de nuevo hacia fuera.

Orden monástico.

Pisa, Piazza del Duomo.

Oxford.

La ciudad de Oxford, es un paradigma de ciudad claustral. Tiene una estructura urbana donde predominan las instituciones universitarias de tipología claustral. Oxford cuyo nombre (oxen-ford) significa vado de bueyes, fue un asentamiento estratégico sobre el río Támesis (fundada por el rey Eduardo como una de las plazas fuertes inglesas del sistema de burgos frente a los ataques daneses) que se desarrolló como ciudad comercial para convertirse pronto en ciudad universitaria. Una de las razones que más incidieron en su desarrollo como ciudad universitaria fue la existencia de un núcleo de profesores de escuelas monásticas, sobre todo en el Priorato de St. Frideswide, más tarde emplazamiento del Corpus Christi College y del Merton College. Así que los edificios monásticos influyeron en el establecimiento de un modo de vida académico comunal e inspiraron la forma arquitectónica de edificios organizados alrededor de patios. Como en Oxford también en Cambridge fue adoptada esta ordenación característica de los colegios universitarios.

Lewis Mumford describe la ciudad europea medieval como una estructura colectiva cuyo objetivo principal era vivir una vida cristiana. A semejanza de las comunidades religiosas se han estructurado asociaciones civiles como los gremios que crearon instituciones benéficas tales como hospitales y hospicios.

La idea claustral y de la comunidad según Lewis Mumford[17] provenía de la ciudad celeste. La fe cristiana tras la decaída militar de Roma y la decadencia urbana arrojó una nueva visión religiosa que hizo ver las penurias terrenales como vías para la salvación del alma. La enfermedad física se compensaba con la salud espiritual, el hambre se convertía en ayuno y ante la pérdida de bienes terrenales quedaba la esperanza de la salvación celestial. Al denunciar a todo aquello que el mundo pagano deseara y buscara, el cristiano dio los primeros pasos hacia la construcción de una nueva estructura a partir de los escombros. La Roma cristiana fundó una nueva capital, la Ciudad Celestial; y un nuevo vínculo cívico, la comunión de los santos. He ahí el prototipo invisible de la nueva ciudad. En vez de adherirse en pos de seguridad y confrontación a la presencia de grandes muchedumbres se opta por el silencio de la soledad y compañerismo de la ecclesia-asamblea (clandestinidad), la retirada colectiva como imagen de la ciudad medieval, la ciudad claustral influenciada por la vida monástica: una comunidad, una frater-

idad, una asociación. Agustín, obispo de Hipona, fundó una orden de
esta naturaleza en el siglo IV, y en el siglo VI Benedicto de Nursia le dió
la forma que influiría, por impacto directo o por estímulo y desafío indi-
rectos, sobre todas las ulteriores órdenes monásticas. Éste fue el punto
nodal de una nueva cultura religiosa. Esta cultura procuraba trascender
de las limitaciones de las civilizaciones anteriores, alejándose para ello
de las instituciones típicas y hasta en el principio negaba la propiedad,
el prestigio y el poder. Quienes aceptaban la pobreza como forma de
vida redujeron todo el aparato físico para el sostén del cuerpo y enoble-
cieron el trabajo, convirtiéndolo en una obligación moral. Éstos eran los
principios morales de la ciudad medieval que emulaba la ciudad
celestial.

Los monasterios que mantuvieron viva la imagen de la ciudad celestial,
Westminster, de Clairvaux y St. Denis, Monte Casino, Fulda entre otros,
ejercieron un dominio sobre la vida urbana y sobre las formas arquitectónicas. La vida monástica como ideal era como la polis aristotélica[18] una
aspiración a la buena vida.

Las antiguas instituciones desaparecieron junto con sus edificaciones
que además de resultar funcionalmente ineficaces para la vida cristiana
tenían la connotación de paganas, motivo suficiente para ser abandona-
das y destruidas. Auque muchas de las iglesias se adaptaron en los
templos y las basílicas, y las plazas de mercados se asentaron donde los
foros, se perdieron los trazados regulares de las ciudades y las ruinas de
los monumentos se aprovecharon como materiales en las nuevas construcciones.

El palacio fue la inicial formulación de los instrumentos seculares de la
civilización urbana que junto a la iglesia formó el núcleo de muchas de
las primeras ciudades medievales. El origen de muchas de ellas fueron
monasterios y burgos militares fortificados así como ciudades episcopales amuralladas y poderosamente defendidas.

La industria medieval y la producción manufacturera incorporadas en la
vivienda, la mayoría de las veces, tenían una presencia notable en el
espacio público que se manifestaba en los característicos soportales de
las calles y las plazas. A pesar de que había una plaza destinada al
mercado, el conjunto de la ciudad medieval era un mercado, tenía un
carácter comercial.

El mercado ha dado lugar a diferentes tipos de plaza destinada a este único fin. Situada en el centro urbano o en sus inmediaciones, la plaza de mercado, a veces no es sino un mero ensanchamiento de la calle principal. Nos encontramos con estas plazas en las puertas de entrada a la ciudad o en el centro de la ciudad. En Europa continental son habituales las plazas de mercado con soportales mientras que en Inglaterra es usual que un mercado cubierto dé a la plaza. En muy raros casos el mercado da a la misma plaza que la iglesia.

La plaza de la iglesia, el *parvis* medieval no debe confundirse con el cementerio contiguo a la iglesia. Ordenación corriente en Gran Bretaña, es un espacio social y representativo en la fachada occidental de la iglesia donde tienen lugar procesiones o sermones ocasionales al aire libre. Los soportales, a veces, tenían que ver con la llegada de los caballos y los establos adyacentes a la plaza. La plaza de la iglesia frecuentemente lindaba con la plaza de mercado creando un doble núcleo, una típica característica de las ciudades medievales, tanto en las planeadas como en las no planeadas.

En cada ciudad, la plaza tenía una disposición distinta debido a la afluencia de calles y los espacios sin tráfico, su particular desarrollo histórico y también la disposición de sus edificios en el centro o en los lados, pero sí casi siempre asimétricamente colocados según los principios más antiguos aunque posteriormente los trazados de estas plazas y los nuevos edificios que se añadieron o sustituyeron los más antiguos tendieron hacia la regularización y la creación de simetrías.

Unos magníficos ejemplos de plazas medievales con soportales los tenemos en algunas poblaciones de la Bohemia Meridional, región hoy del sur de Checoslovaquia. Ceske Budejovice -que fue una fundación real en 1265 por razones estratégicas de consolidar la autoridad de la corona checa sobre Bohemia Meridional frente a una potencial amenaza expansionista de los Austrias- tiene una plaza perfectamente cuadrada, formada por edificios diferentes aunque con alturas semejantes y todos ellos con soportales que proporcionan unidad a la plaza.

Telc, en la misma región, tiene una plaza alargada de contorno irregular pero una norma, parece, ha dado como resultado que todas las construcciones de alzado diferente aunque perfectamente compatible, a nivel de planta baja tengan unos soportales continuos.

Telc.

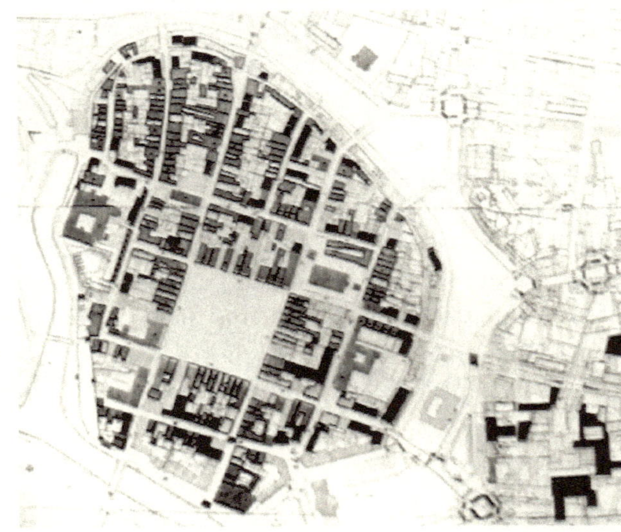

Ceske Budejovice.

En la Edad Media, la construcción del espacio público, los ensanches de
calles, el mantenimiento o la ampliación de las murallas, o las rudimentarias disposiciones de higiene, constituían una decisión colectiva. Los
propios espacios demuestran además que había una conciencia estética
aunque no siempre sea un hecho documentado. En Italia hay constancia,
en Bolonia, por ejemplo, que "en el siglo XIII, había contratados una
serie de arquitectos cuya misión consistía en supervisar todas la obras y
edificios públicos" y que "en 1309 los sieneses rogaron a los domínicos
para que derribaran una pared que ocultaba parcialmente la grandiosa
iglesia de San Doménico y restaba atractivo a los rasgos arquitectónicos dominantes del sector occidental de la ciudad".[19] Se sabe, además,
que tras la conclusión del impresionante Ayuntamiento de Siena en 1310
se decretó que los demás edificios de la Piazza del Campo debían tener
ventanas similares. Todo eso no es más que manifestación del corporati-
vismo sobre el control del espacio público.

Esta preocupación del siglo XIV por el orden visual parece ser un rasgo
típicamente italiano, presagio de la llegada del Renacimiento y, con él de
4 siglos del diseño urbano más disciplinado. Todo ello no es sino prueba
de la gran influencia que ha ejercido el pasado romano.

En la Edad Media, otro modelo de ciudad naciente es la ciudad islámica.
Ésta carecía de organización formal y política comparable a la de la
tradición urbana de Europa occidental. "La unidad de una ciudad
musulmana es funcional y no cívica". "La ciudad no constituía una cor-
poración cerrada, de la cual el ciudadano era copartícipe, sino simplemente una entidad administrativa funcionalmente unificada con un complemento más o menos estable de pobladores o habitantes". "El control
urbano se ejercía a través de un número relativamente pequeño de
familias extensas o clanes que se autogobernaban. Esta estructura per-
manecía desde los orígenes de una vida tribal impuesta por la dureza del
desierto.

Por eso la forma urbana islámica característica, de crecimiento orgánico,
de tipo celular y aditivo carece de una estructura cívica expresada en el
espacio público. El núcleo de la ciudad, la medina, contenía la principal
Mezquita del viernes, el mercado central y el complejo comercial apreta-
damente cercados por los barrios residenciales, que eran lugares de
aglomeración y que la única vida social estaba determinada por el ritual
religioso o el comercio. En la puerta principal de entrada a la medina, a

través de la muralla adquirió típicamente, una importancia primordial el bab, estructurado en varios patios como lugar de encuentro para aquéllos que salían y entraban. La mezquita con sus patios porticados junto con el mercado como lugares públicos eran lugares cerrados y restringidos y no permitían ninguna expresión libre y diferenciada de la impuesta por un código espacial. La carencia de espacio público de la ciudad se compensaba por los espacios encerrados en las propias casas-patio, espacios diseñados para la intimidad.

ÁGORAS RENACENTISTAS Y PRELUDIOS BARROCOS

Las plazas italianas, según Wolfgang Lotz[20] se remontan en la antigüedad aunque se les dio nueva forma en el siglo XVI. La **Piazza Erbe de Verona**, por ejemplo, que está rodeada de edificios medievales y la **piazza del Popolo en Fermo**, que adquirió su forma actual en el siglo XVI, ocupan el sitio del antiguo foro. El foro romano de Verona tenía sin duda fachadas rectas y muy probablemente estaría circundado por los pórticos de dos pisos que eran característicos del ágora griega y del foro itálico. Es razonable suponer que estas plazas estuvieron en continuo uso durante la Edad Media. Los edificios con una y dos logias perdieron sus columnatas que fueron sustituidas por fachadas cerradas. No es habitual que las plazas medievales estén rodeadas por pórticos salvo las fachadas de los Ayuntamientos medievales que tenían normalmente una logia a nivel de calle donde los comerciantes vendían sus mercancías y se administraba justicia. El derecho a tener un mercado y una autoridad judicial, dos privilegios esenciales de la ciudadanía, encontró aquí una expresión concreta. La comunidad procuraba literalmente un techo protector para el mercado local. En algunos casos se levantaba una logia cerca del ayuntamiento, para uso de los prohombres de la ciudad en ocasiones solemnes, siendo el ejemplo más famoso la Loggia dei Lanzi en Florencia, que data del siglo XIV.

Uno de los edificios que rodean la Piazza Erbe en Verona, la Casa dei Mercanti, que fue construida en 1310, tiene asimismo una logia en la planta baja para la exposición y venta de mercancías. Los mercaderes se reunían para tratar sus asuntos de negocios en la sala superior, lo que podría ser algo parecido a una bolsa de comercio. Una comparación

Verona, Piazza Erbe.

Fermo, Piazza del Popolo.

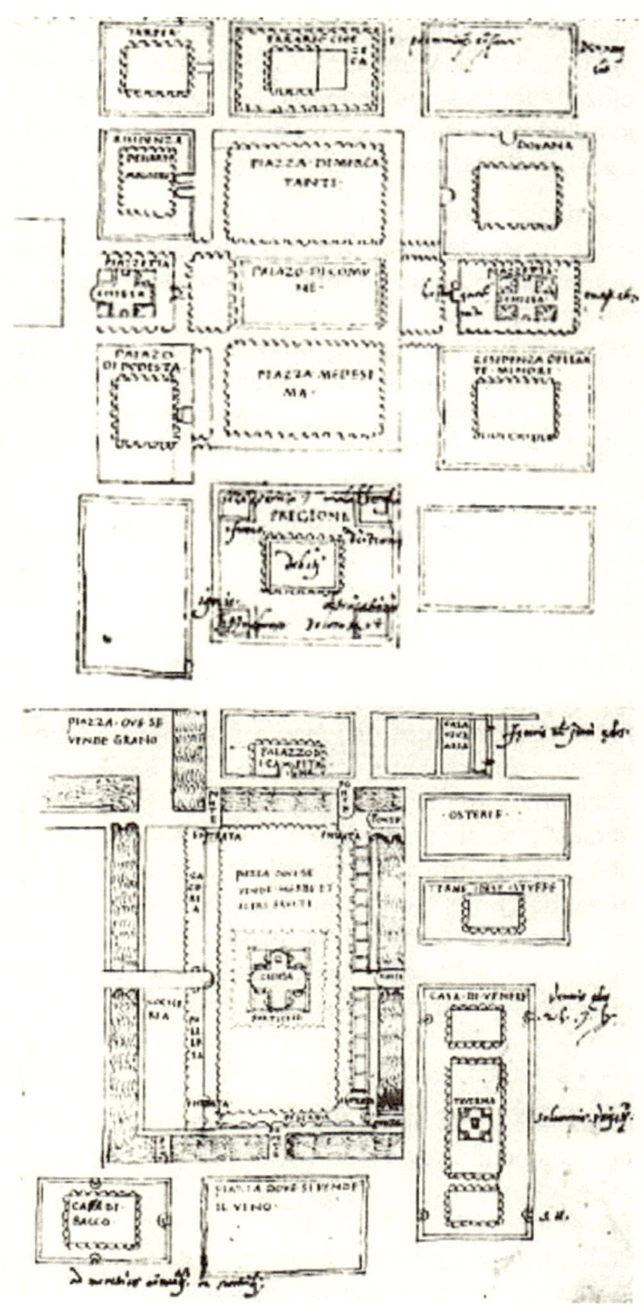

Filarete, Piazza dei Mercanti
y Mercado de Sforzinda.

entre las dos plazas muestra claramente la poca importancia de la Casa
dei Mercanti de Verona, con sus cinco vanos, en la imagen global de la
plaza; mientras que en Fermo la imagen de la plaza como unidad llegó a
ser objeto de la concepción arquitectónica, y las logias que la rodean
hacen realidad esta concepción.

La imagen de un foro rodeado por arcadas fue heredada de la antigüedad a través de Vitrubio, y reaparece en Italia alrededor de 1450 en el
primer tratado arquitectónico importante del Renacimiento, los *Diez
libros de arquitectura* de Leon Battista Alberti. Los muchos pasajes de
este libro sacados casi palabra por palabra de Vitrubio no dejan lugar a
dudas sobre el hecho de que fue de él de quien Alberti tomó su
concepto de plaza. Por lo que sabemos, no había ninguna plaza que se
adaptara a la concepción de Vitrubio ni en la ciudad natal de Alberti,
Florencia, ni en ninguna ciudad que hubiera podido conocer.

Poco después de 1460 otro florentino, el escultor y arquitecto Filarete,
que estaba fuertemente influenciado por Alberti, describía una plaza de
aspecto semejante en un manuscrito que compiló para el duque
Francesco Sforza de Milán. Se trataba de una ciudad ideal que se
llamaría Sforzinta que debía incluir dos grandes plazas, la Piazza dei
Mercanti y la "piazza dove si vende herbe et altri frutti", que "estará
rodeada de pórticos que medirán 10 braccia (unos 5,6 metros) de
anchura y apoyados en columnas". La descripción prosigue con la
relación completa de puestos de venta. La Piazza dei Mercanti debía ser
la más importante, aunque algo más pequeña de tamaño, y reflejar el
poder de los gremios con los edificios públicos de la ciudad a su
alrededor. En el centro había de alzarse el Palazzo Comunale, con sus
tradicionales arcadas en la planta baja. Los lados de la piazza estarían
dotados de las habituales logias e incluirían el Palazzo del Podestá -el
principal representante del gobierno de la ciudad-, las cámaras de los
jueces y las oficinas de los notarios, la prisión, las tiendas de los joyeros
y los orfebres, los puestos de los cambistas y las sedes de los gremios.

Este manuscrito arroja luz sobre muchos aspectos pero respecto a lo
que nos ocupa hay dos cuestiones importantes. En primer lugar, nos da a
saber el programa completo de los edificios que se solían levantar en la
plaza principal de una ciudad y en segundo lugar, la completa separación
de la plaza institucional de la plaza de mercado de alimentos. Esta separación se observa hasta hoy día en las ciudades italianas y otras

ciudades. En Verona, por ejemplo, los edificios públicos como el Palazzo Comunale y el Palazzo del Podestá no están en la Piazza Erbe, que es el mercado de la ciudad, sino en la plaza vecina conocida como Piazza Dante.

En las ciudades pequeñas el espacio disponible dentro de las murallas rara vez permitía tal separación, de modo que una sola plaza generalmente debía dar cabida tanto a las funciones oficiales como a las comerciales. Esto ocurre también en la **Piazza Ducale de Vigevano**, comenzada hacia 1490, que es el ejemplo más antiguo que se conserva de plaza construida después de la antigüedad de una sola vez y circundada de logias uniformes. Vigevano fue el lugar de nacimiento y una de las residencias del duque de Milán, Ludovico Sforza il Moro, quién demolió muchos edificios medievales y en su lugar levantó una ciudad prácticamente nueva cuyos hitos más famosos son la plaza y el enorme Castelo Sforzesco. Existen pruebas de que Bramante, entonces arquitecto del duque, estuvo involucrado en la construcción del castillo de Vigevano y probablemente en las demoliciones del mercado viejo y de los edificios medievales para ensanchar la plaza existente. No hay pruebas de que Bramante tuviera conocimiento del tratado de Alberti cuya primera edición impresa había aparecido en 1485 y donde se trataba ampliamente del diseño de las plazas y de sus arcadas. Pero sí sabemos que Leonardo Da Vinci, que estaba trabajando en la Corte de los Sforza en los mismos años, poseía una copia del libro de Alberti. Es poco probable que los dos artistas no comentaran el libro antes de emprender semejante obra. Inmensas proporciones, una forma de proyectar generosa y al mismo tiempo despiadada, diferente de la de todos sus contemporáneos; un empleo libre de lo antiguo sin caer en la burda imitación. Éstos son los rasgos distintivos de las obras de Bramante en Roma, y todas ellos se encuentran también en la plaza de Vigevano. Las fachadas son uniformes en tres de sus lados. En la planta baja logias no muy altas albergaban almacenes y talleres que corresponden a la descripción que hace Vitrubio del foro romano; sobre ellas se elevaban dos pisos de viviendas. La fachada del nuevo Palazzo Comunale quedó integrada en este diseño. La planta muestra que el sistema de logias continúa más allá de la embocadura de las dos calles que salen de la plaza. La catedral barroca que encabeza la plaza sustituyó la iglesia del siglo XV que ocupaba su lugar. La nueva plaza servía para el mercado "pequeño" que se hacía diariamente y para el mercado "grande" que se hacía semanalmente. Su comparación con la plaza de Pienza -al sur de Toscana- construida 30 años antes, revela hasta qué punto el esquema de Vigevano se aparta de lo tradicional e incluso de lo que a finales del siglo XV se consideraba moderno.

Pienza es también una creación principesca. El Papa Pio II Piccolomini, tras acceder al papado, encargó al arquitecto Bernardo Rossellino el proyecto de una nueva ciudad llamada Pienza en su honor. En la plaza principal se erigieron la catedral del obispado recién fundado, el ayuntamiento, y los palacios del obispo y de la familia Piccolomini. La plaza casi cuadrada sigue el modelo medieval: solamente al ayuntamiento se le dotó de una logia en planta baja, mientras que a los restantes edificios se les dieron fachadas continuas.

Las plazas de Pienza y Vigevano difieren no sólo en sus dimensiones, sino más significativamente en su tipología. El tipo de foro antiguo descrito por Vitrubio y más tarde por Alberti aparece por vez primera en Vigevano. De acuerdo con Vitrubio, las logias tenían dos pisos. La superior proporcionaba vista a las actividades que tenían lugar en la plaza. Las logias aquí son de un piso y la parte superior se destinaba a viviendas, lo que viene a ser la versión de plaza única de las pequeñas poblaciones con funciones mixtas, la institucional, la residencial y el mercado, lo más parecido a los foros más primitivos.

La Piazza del Popolo de Ascoli Piceno, ciudad situada cerca de Ancona en la costa Adriática que fue incorporada a los Estados papales en 1506 ha sido objeto de una transformación distinta que la plaza de Vigevano pero con un resultado que también la convertía en plaza a lo foro. En los tres lados de la plaza que ocupaba el sitio del antiguo foro se construyeron frentes uniformes de dos pisos que ocultaban la configuración irregular de las casas medievales. Los únicos edificios que no se modificaron fueron la iglesia franciscana en uno de los lados cortos de la plaza y el Palazzo Comunale en el lado mayor. A pesar de que estas dos construcciones antiguas son mucho más altas que las nuevas logias con sus pisos adicionales, la imagen de la plaza como conjunto se presenta como una construcción equilibrada. En los soportales se albergan tiendas y la plaza acoge el mercado.

La Piazza de la Annunziata en Florencia, recuerda en más de un aspecto las anteriores y es altamente significativa como realización de

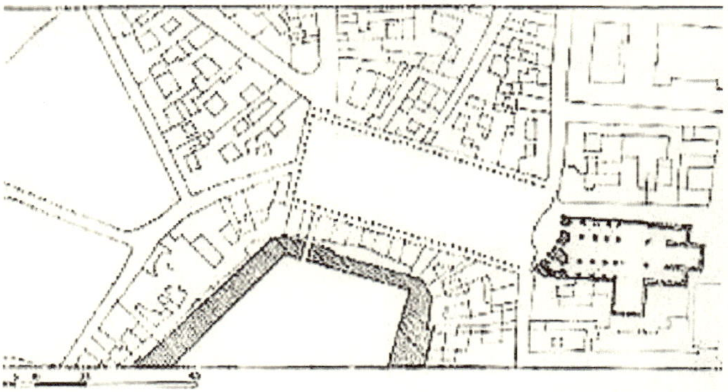

Vigevano, Piazza Ducale.

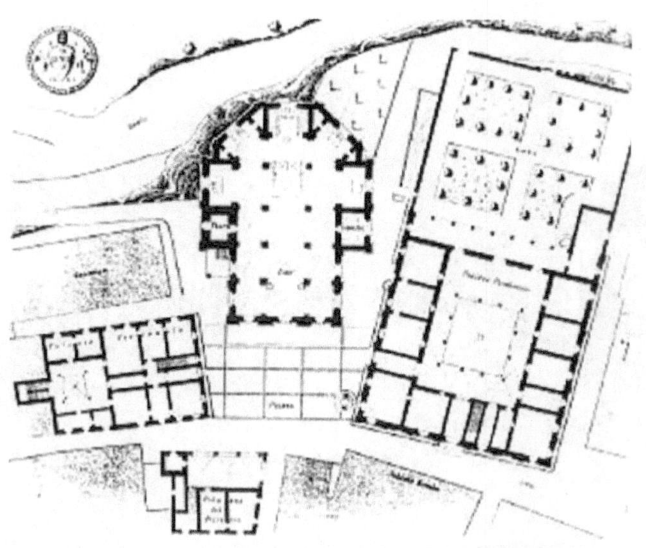

Piazza de Pienza.

Ascoli Piceno, Piazza del Popolo.

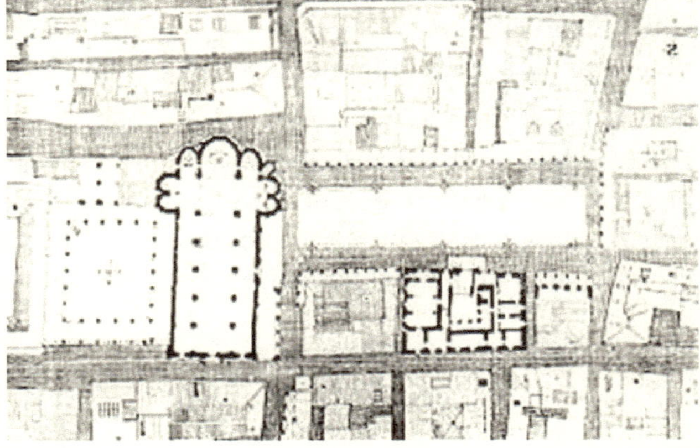

la antigüedad dentro del espíritu del renacimiento. El Hospital de los Inocentes de Brunelleschi, construido entre 1419 y 1424, exponía, cuando se terminó, su bella arcada abovedada a un espacio no resuelto situado frente a la iglesia de la Santísima Annunziata; esta arcada establecería el modelo que iba a ser utilizado finalmente en todo el recinto de la Piazza della SS. Annunziata, espacio que tenía la doble función de dotar a la iglesia de un patio anterior de entrada y de cerrar la larga perspectiva desde la catedral sobre el eje que une esta última con la iglesia. Siguiendo fielmente la estructura del hospital de los inocentes, Michelozzo proyectó en 1454 un pórtico de entrada a la iglesia de una sola crujía que armonizase con la arcada de Brunelleschi. Este pórtico fue ampliado con posterioridad por Giovanni Caccini, entre 1601 y 1604, creando una columnata corrida a lo largo del lado noroeste de la plaza. Los soportales del tercer lado de la plaza, frente al Hospital de los Inocentes fueron proyectados por los arquitectos Antonio da Sangallo el Viejo y Baccio D'Agnolo en 1516. Estos soportales sirvieron para unificar una serie de edificios dispares en una unidad espacial que recuerda en cierta manera a las columnas que rodean el foro de Pompeya. Paul Zucker considera que en contraste con el período medieval, donde cada arcada pertenecía al propio edificio, en el Renacimiento las arcadas amplían el espacio de la plaza, integrando volúmenes estructurales y vacíos espaciales.[21] Especial atención se debe prestar al hecho de que la réplica de la logia de Brunelleschi, que se completó en 1525, siempre tuvo una función más estética que práctica ya que nunca tuvo uso comercial ni de mercado. El edificio fue encargado y financiado por los monjes. Las viviendas que se construyeron en la parte superior también pertenecían a los monjes que las arrendaban para aumentar sus ingresos. El podio estaba modelado siguiendo el del Ospedale que como en muchos hospitales toscanos, tenía la misión de aislar la zona hospitalaria del tránsito de la plaza. El podio de la logia de 1516 no servía a este propósito sino a cumplir con un fin artístico de proporcionar fachadas uniformes a los dos lados de la plaza.

Jacopo Sansovino que fue el arquitecto que dio su configuración a la **Piazza de San Marco de Venecia**, con toda seguridad conocía el proyecto de la Piazza della SS. Annunziata. La plaza más importante de Venecia alcanzó sus dimensiones actuales en el siglo XII; una crónica de finales de siglo XIII nos informa que en aquella época

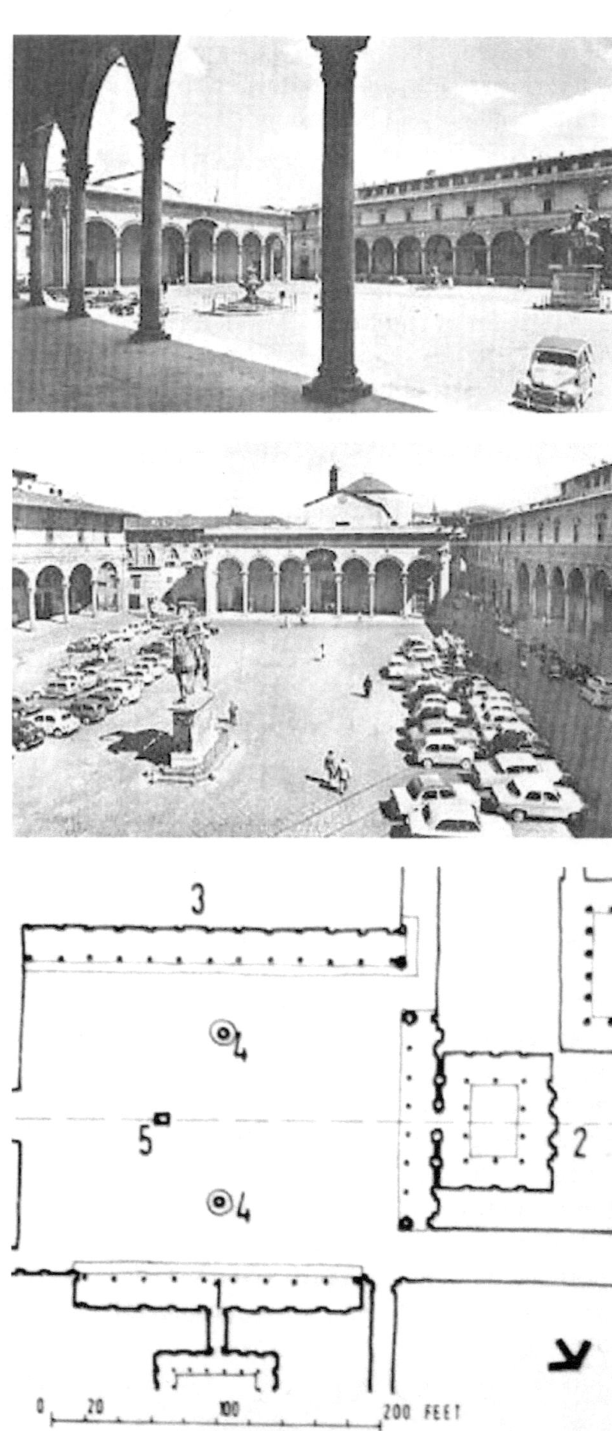

Florencia, Santísima
Annunziata.

estaba rodeada por logias. Estamos ante el único ejemplo medieval perfectamente documentado. Un cuadro de Gentile Bellini, fechado en 1496, muestra la antigua piazza albergando una procesión religiosa. Está comprobado que desde finales del siglo XIII tenían lugar aquí torneos, concursos ecuestres y otras fiestas que, por el testimonio de Vitrubio sobre las representaciones que se celebraban en los foros antiguos, nos damos cuenta que los venecianos debieron tomar del Oriente la forma de la antigua plaza, posiblemente de Bizancio. En el cuadro de Bellini aparece la logia de las Procurazie Vecchie y el hospicio de San Marco, un edificio del siglo XIII cuya fachada estaba alineada con el Campanile. Este edificio se demolió en el siglo XVI para dar lugar a las Procurazie Nuove. La fachada del nuevo edificio no se trazó sobre los cimientos del hospicio, sino que se retranqueó quedando la plaza más ancha, de unos 80 metros, que los 60 que tenía en el lado este, el más ancho. Cuando Sansovino comenzó a construir la nueva Biblioteca de San Marcos en 1537, al retirar el edificio unos 5 metros del Campanile determinó el frente de las adyacentes Procurazie Nuove. "El gran edificio de la biblioteca se extendería al lado de San Geminiano (la iglesia situada entonces en la plaza frente a San Marcos y más tarde derribada) y desde aquí continuaría alrededor de la plaza hasta la torre del reloj.[22] Sansovino modificó decisivamente la antigua plaza y así la iglesia de San Marcos ocuparía el centro del lado Este de la plaza. El Campanile en la esquina de la piazza y la piazzeta, antes unido con las antiguas fachadas, se convirtió en monumento exento. Igualmente significativa fue la transformación que hizo Sansovino de la **Piazzeta** que se articula en ángulo recto con la Piazza y está flanqueada por el palacio de los Dux y la biblioteca, un edificio de dos pisos con una logia y tiendas que se arrendaron o se usaron como oficinas de los procuradores. Sansovino adoptó las antiguas arcadas para el lado corto que da a la plaza, mientras que las logias de la piazzeta fueron una innovación concebida para crear un conjunto unificado al enlazar la Piazza y la Piazzeta. El majestuoso frente de la biblioteca sobre la Piazzeta actúa como contrapeso de la fachada del Palacio de los Dux que está enfrente; las delicadas proporciones de la arcada gótica de dos pisos se equilibran con las cornisas y las medias columnas copiadas de la antigüedad.[23] Con eso se lograba crear una plaza con paredes desiguales en forma pero como conjunto armonioso.

Venecia, Piazza San Marco.

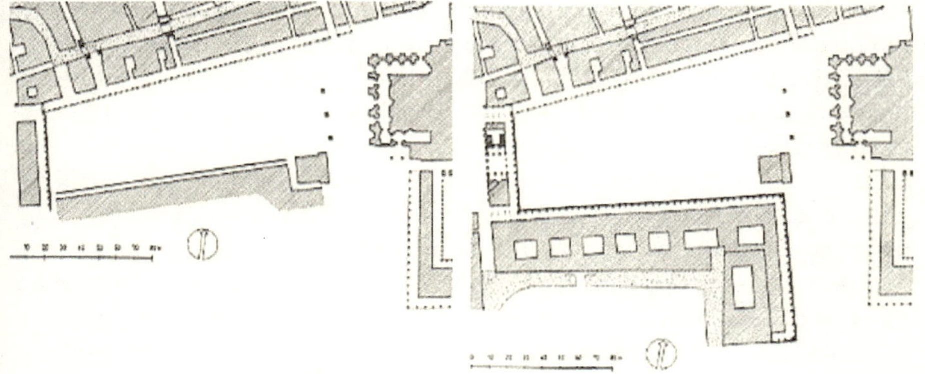

La plaza capitolina se ubica en la colina romana del mismo nombre y empezó a modelarse cuando en 1538 el Papa Pablo III ordenó que la estatua ecuestre de Marco Aurelio, que por entonces estaba instalada en el exterior de la basílica de San Giovanni in Laterano en Roma se colocara en el Campidoglio. Los grabados de Étienne Dupérac que según el mismo autor representan el proyecto de Miguel Ángel, corresponden al aspecto actual de la plaza. Los edificios se erigieron en épocas diferentes, en algunos casos mucho después de la muerte de Miguel Ángel. La fachada y la escalera doble del Palazzo Senatorio, cuya parte posterior da al Foro Romano, oculta una construcción medieval que había sido la residencia del Senador, el dirigente nominal de la ciudad. El Palazzo dei Conservatori, el edificio que albergaba la rama ejecutiva del gobierno de la ciudad, situado en el lado derecho de la plaza también se traza sobre un edificio preexistente. En el lado opuesto de la plaza se construyó ex novo el llamado Palazzo Nuevo, más tarde, en el siglo XVII. Miguel Ángel dotó de nuevas fachadas los dos palacios antiguos y proyectó un edificio nuevo simétrico al Palazzo dei Conservatori a los pies de la iglesia de Santa María d'Aracoeli que dominaba la colina. Dicho palacio no tenía ningún cometido práctico como tal y a modo de las estoas se situaba para cerrar la plaza y proporcionar fachadas uniformes a los dos lados mayores. Posiblemente las copias florentinas de la famosa logia del Spedale degli Innocenti, estaban en la mente de Miguel Ángel. La forma trapezoidal del trazado de la plaza fue el resultado de la decisión de levantar dos edificios gemelos manteniendo el ángulo que había entre los dos edificios existentes cuando los remodeló. La combinación del trapecio y el óvalo del dibujo del pavimento de la plaza produce el efecto al observador de que los cuatro ángulos del trapecio son idénticos y que se trate de un rectángulo y que, además, ambos ejes del óvalo cortan perpendicularmente los cuatro lados de la plaza y como consecuencia, las dos fachadas producen la ilusión de ser paralelas. El dibujo del pavimento de la plaza y la doble base de la estatua en conjunción realzan la estatua del emperador romano de manera que adquiera proporciones monumentales. Todos estos recursos basados en la naturaleza de la visión y tan propios del arte de la escultura nos recuerdan el carácter escultórico y visual de la ordenación espacial en Grecia. Un ágora renacentista y monumental que sin embargo abandonaba su carácter de ser la sede del gobierno municipal y revestía el simbolismo del poder papal. Como en el ágora los

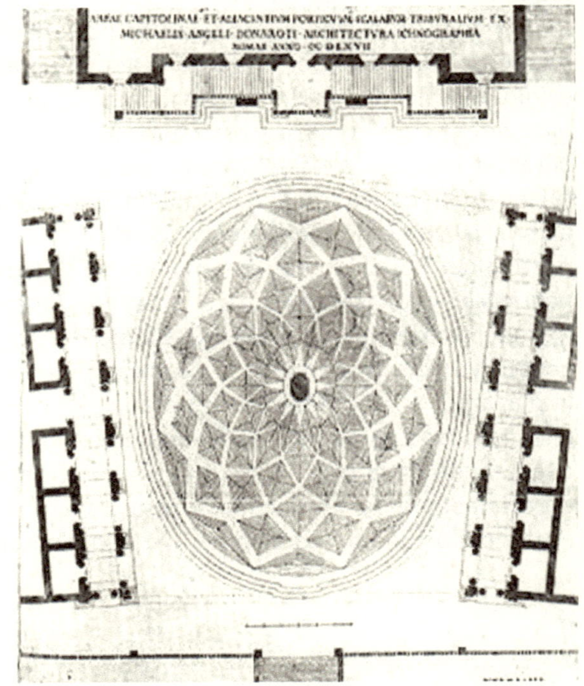

Roma, Campidoglio.

edificios se abrían hacia el horizonte, ya que por el cuarto lado la plaza sólo se delimitaba por una balaustrada, la *cordonata* por la que se ascendía a la plaza. La Piazza del Campidoglio se puede comparar con la plaza de Pienza, terminada casi 1 siglo antes, que también tiene una planta trapezoidal semejante y está situada en la cresta de una colina que corre perpendicularmente a su eje principal. Las fachadas de la catedral y de los edificios de ambos lados forman el telón de fondo de un escenario. Las paredes divergentes de los edificios laterales y el trazado de las bandas del pavimento dan como resultado una "perspectiva invertida", y la distancia entre la fachada de la catedral y el espectador se ve disminuida por la perspectiva, mientras que el trazado de pavimento revela las verdaderas dimensiones. Estos recursos contribuyen a intensificar el efecto creado por la fachada principal que acercada al espectador a través de este juego óptico, parece más alta y más ancha de lo que realmente es. Este efecto es muy diferente de lo que se produce en la plaza capitolina. Miguel Ángel no deseaba intensificar la perspectiva del Palazzo Senatorio ni crear un punto de vista ideal para verlo.

Hacia la misma época que la Piazza del Campidoglio fue remodelada, también, **la Piazza Maggiore de Bolonia**, la segunda ciudad de los Estados Pontificios. La iglesia medieval de San Petronio y el Palazzo del Podestá, sede del tribunal municipal reconstruido en el siglo XV, ocupan los lados mayores. En 1555 el Palazzo Comunale, situado en el lado menor occidental, fue dotado de una portada monumental, cuya posición quedó determinada por el eje central de la plaza. Alrededor de 1560 se erigió una fachada uniforme, conocida por el pórtico *dei Banchi*, en el lado oriental de la plaza, para cubrir numerosas casas medievales de carácter insignificante y cuyas logias se utilizaron para comercios y talleres. Banco significaba originalmente mostrador o caballete y por extensión se convirtió en despacho de cambio o banco. Así que el pórtico dei Banchi hace referencia a los despachos de los cambistas que según Vitrubio, estaban situados bajo los pórticos del foro romano. El trazado del pórtico se debe a Giacomo Barozzi da Vignola, del cual se construyó una versión algo simplificada. Las dos calles que conducen a la plaza por el lado del pórtico están cubiertas por arcos, de modo que las embocaduras de las calles, como en Vigevano, quedan subordinadas a la imagen de la plaza. La cornisa superior del pórtico está situada aproximadamente a la misma altura que la del Palazzo del Podestá y el Palazzo Comunale. También aquí la remodelación del siglo XVI, con su

Bolonia, Piazza Maggiore.

unificación de fachadas desiguales y su regularización de anchura y
altura, ha creado una plaza de armoniosas proporciones.

Con la excepción de Pienza y Vigevano, todos los ejemplos examinados
abordan el tema de la remodelación de plazas más antiguas. Mediante
estas remodelaciones se dio a las fachadas existentes un aspecto más
uniforme y se incluyeron como parte de un nuevo conjunto. En ningún
caso se encuentra una simetría rígida en los cuatro lados; el objetivo
era sustituir el desorden reinante por un nuevo orden. Se pretendía que
el observador experimentara la plaza como un espacio controlado artificialmente y como una zona rodeada por fachadas similares aunque no
necesariamente idénticas. Para conseguirlo, las plazas se ampliaron,
se construyeron edificios que no tenían un cometido utilitario, mientras
que algunas construcciones antiguas como el Hospicio de San Marcos
se derribaron; incluso uno de los hitos del Campidoglio, la iglesia de
Santa María d'Aracoeli se relegó en un segundo plano detrás del
Palazzo Nuevo.

El anhelo de orden y de uniformidad emana de las teorías arquitectónicas del siglo XVI. Los teóricos conocían el tratado de Vitrubio y el texto
de Alberti. En el Renacimiento la teoría se desarrollaba a partir de consideraciones prácticas. El intento consciente de crear uniformidad y hacer
que lo nuevo armonice con lo viejo, de crear unas logias a la escala
humana, confiere a estas plazas un carácter de seguridad y de intimidad.
Los prohombres y arquitectos que construían estas plazas, raras veces
consideraban necesario destruir los edificios existentes; preferían
preservar y transformar lo que se pudiera. No se ceñían a ningún
esquema rígido. La voluntad de crear nuevas formas siempre se veía
mitigada por el respeto hacia lo que ya existía. La veneración de la
historia explica por qué las plazas antiguas, de las ciudades que se han
transformado dentro del canon renacentista, son de tanta variedad y han
dado lugar a futuros crecimientos como si de organismos vivos se
tratara. En este sentido, se oponen al espíritu del foro imperial como
forma absolutamente cerrada y predeterminada y se asimilan a la del
ágora. En esto contribuye la escala humana de sus logias, la moderación de la altura de sus fachadas que nada tiene que ver con la escala
de la Plaza de San Pedro, por ejemplo. Hay que añadir la diversidad de
las actividades y la vivacidad de su ambiente como verdaderas ágoras
renacentistas. Pero también con ellas tenemos preludios de las esceno-

grafías barrocas, caso de la plaza capitolina, espacios destinados a la representatividad de los poderes emergentes, sea éste el de iglesia reformada o del absolutismo.

ESTRUCTURAS DEL PODER BARROCO

La más grandiosa plaza de esta generación es sin duda la Plaza de San Pedro. Construida entre 1655 y 1667 por Bernini, su escala y monumentalidad sólo puede recordar el foro de Trajano. La *piazza retta* tiene 125 metros de anchura frente a la gran fachada de la iglesia, estrechándose hasta los 91 metros que tiene en su lado que conecta con la *piazza obliqua*, por 98 metros de fondo. La *piazza oblicua* consiste en dos exedras semicirculares de un radio de 79 metros que flanquean un rectángulo. La tercera *piazza Rusticcuci,* proyectada que nunca fue realizada, está tan sólo representada por la avenida abierta por Mussolini. La concatenación de los tres espacios que preside la iglesia constituye, claramente, una variación, adaptada a las condiciones específicas del lugar, del espacio direccional inspirado en los foros imperiales. Bernini incorporó en su proyecto, el obelisco erigido por Sixto V y Fontana en 1586, que desde un principio marcaría la dimensión y en cierto sentido conduciría a la forma de la plaza. La majestuosa columnata aquí mantiene las funciones de refugio y de protección, sobre todo para las procesiones, a la vez que se convierte en la gran escenografía donde la congregación humana adquiere, al mismo tiempo, la categoría del espectador y del espectáculo. La plaza oblicua ligeramente reundida hacia su centro y la plaza recta en ligera rampa proporcionan para cada uno de los congregados, una extraordinaria posibilidad de ver en su alrededor y ser visto. Las columnatas constituyen la línea más alta de mirar hacia la plaza, una especie de gran tribuna para ver el espectáculo de la gente.

La piazza del popolo tal como se terminó finalmente en el siglo XIX, según el proyecto de Giuseppe Valadier (1816-1820), quien en busca de la regularidad, la simetría y la direccionalidad características de las plazas a lo foro de Trajano, reproduce las exedras simétricas, en este caso como unas líneas sustitutorias de las fachadas continuas integrando los edificios existentes, los nuevos edificios, los dos lados desiguales de la plaza. Entre ellos, los edificios añadidos a cada uno de los lados de las iglesias gemelas, la nueva iglesia que reproduce el diseño de Santa María del Popolo, la escalinata serpenteante y la rampa que asciende hasta los jardines del Pincio, se han integrado en la composición global. La doble iglesia que preside la composición confiere a la plaza su definitiva direccionalidad marcada por la antigua puerta del Popolo.

Durante el siglo XVII asistimos a nuevos procesos de producción del espacio. La emergencia de la teoría del racionalismo con *El discurso del método* preconizaba una ciudad sobre nuevos presupuestos, que descartaba y abolía la existente irracional y plagada de defectos, que despreciaba la experiencia y propulsaba la experimentación de lo nuevo, era sin embargo heredera del Renacimiento, de la estética de la uniformidad y la regularidad. Los nuevos espacios públicos se implantarían sobre porciones de la ciudad existente que revestirían con un nuevo lenguaje como eficaz instrumento de persuasión y coerción de los nuevos poderes barrocos.

El nuevo paisaje del absolutismo en Francia encontraría su máxima expresión en las plazas reales, escenarios representativos y derivados del foro imperial con una transformación del uso de la edificación. Ahora el uso residencial de las plazas se asociaba a la función representativa de una clase social cortesana, que pronto cedería el paso a la poderosa burguesía industrial.

Espacio lúdico-simbólico. El espectáculo y la fiesta

Lo más característico quizá del Barroco sería el resurgir del espacio teatral destinado al espectáculo y lo lúdico, en un sentido foucoultiano lejano de lo que es dominio de la libertad sino lugar de sujección y de indoctrinación, "como así revela esa figura hispana del coso donde el espectador situado en el laberinto, es a la vez prisionero y guardián de los destinos que en él se cumplan".[24] La construcción de grandiosos espacios lúdicos y simbólicos obedecen a una necesidad del poder a imponer imágenes colectivas y destinos comunes. Depositado entonces en el poder y en los poderes el monopolio de las apariencias, pese a su teatral y exacerbada composición popular, la fiesta, caso de la fiesta española, no procede de abajo-arriba sino que está enteramente determinada por las estrategias cortesanas, por las visiones de los grandes

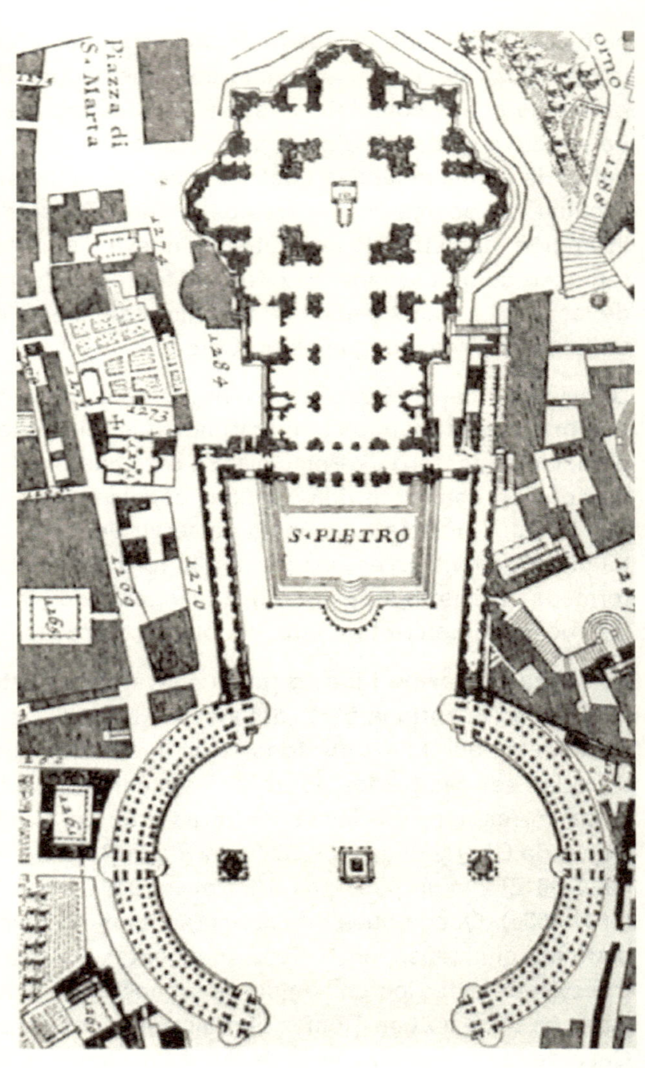

Roma, Piazza de San Pedro.

políticos y las instituciones poderosas como la iglesia, que apercibieron la necesidad de abrir un dominio del espectáculo. Bajo este dominio se pretendía que la complejidad social se redujera y se creara un efecto de perspectiva global. El ojo del pueblo había de dirigirse hacia un solo punto de donde emana la doctrina y desde donde se emiten hipótesis explicativas acerca de una idea del mundo. A estos efectos se reveló la invención magistral de una comedia nueva, de un espacio social de la representación cuya mera existencia forzó y determinó el alumbramiento de los más grandes genios de la ficción de masas moderna. Pongamos un Lope de Vega, pongamos un Calderón.

Un grabado del 1648 que representa festejos celebrados en la **Piazza Navona** nos proporciona un testimonio icónico que debería ser muy parecido al del foro de Pompeya. En este caso la doble galería porticada del foro, estaba sustituida por unas construcciones efímeras de madera que tenían la misma función, la de servir de palco para los espectáculos. La plaza Navona no es una plaza a lo foro. No obstante su imagen transformada para un festejo, testifica la vigencia de los antiguos usos que justifican, hasta cierto punto, las plazas barrocas.

La plaza Mayor de Madrid fue la nueva plaza cortesana en la que se transformó la antigua plaza del arrabal. En 1591 las ordenanzas de la villa establecían que todos los soportales que tenían pilares de madera, deberían ser cambiados por otros de piedra. El nacimiento de la nueva plaza corresponde en fecha con otras grandes plazas de Europa: la plaza Ducal de Charleville (1608-1620), la Place Royale o des Vosges de París (1605-1612) y la un poco posterior plaza del Covent Garden de Londres (1631-1635). Queda pues situada en su momento histórico cuando distintas ciudades, por motivos semejantes, realizaban también la construcción de este tipo de conjuntos urbanos. El trazado original de la plaza se debe a Juan Gómez de Mora que, integra en su proyecto, la Casa de la Panadería y la Casa de la Carnicería, construidas ambas anteriormente. El trazado era de una plaza de proporciones perfectas según el canon de Alberti: 434 pies de largo por 334 de ancho y 110 de altura (6 pisos), es decir 1/4 de lado mayor y 1/3 de lado menor, ya que según Alberti las proporciones tendrían que ser mayores de 1/6 y menores de 1/3. Las proporciones en planta representan la sección áurea. En el plano Texeira de Madrid se observa cómo la plaza pasó de convertirse de un simple arrabal a extramuros de la ciudad, en 1454, a

Plaza Mayor de Madrid.

una plaza cortesana y regularizada, centro de la vida social de Madrid, hacia 1656. La importancia de la plaza se pone de manifiesto al observar que ésta queda literalmente en el centro de la ciudad. Es en la Plaza Mayor donde confluyen las principales vías de comunicación de la ciudad. La calle Mayor, tangente a la plaza, Atocha, Toledo y calle Nueva que une el Palacio Real con la plaza. La situación de la plaza se revela, pues, clave en el entorno madrileño como centro comercial y de ocio de la época. La plaza ha sido asociada a los festejos y otras convocatorias públicas desde su inauguración el 15 de mayo de 1620 coincidiendo con la beatificación de San Isidro Labrador, Patrón de la villa de Madrid. La proclamación real de Felipe IV, los autos de Fe, los ajusticiamentos, manifestaciones públicas y hasta los festejos taurinos se celebraron en la plaza. Para las corridas de toros llevadas a cabo durante los años posteriores, se vieron en la necesidad de construir gradas para la población madrileña, las cuales se tenían que montar y desmontar continuamente. La plaza se incendió en tres ocasiones y tras de cada uno de los incendios se reconstruyó manteniendo siempre su regularidad y la homogeneidad de sus alzados. Desde su reconstrucción tras el segundo incendio hasta la mitad del siglo XVIII, siguió siendo escenario de corridas de toros, fiestas reales, autos de Fe y algunas corridas seguirían celebrándose pese a su prohibición hasta finales del siglo XVIII. Después de su tercer incendio la actual plaza Mayor se reconstruyó según trazado de Juan de Villanueva y en estilo neoclásico.

Origen y formación de las plazas mayores españolas

Según Sánchez Albornoz, bajo los reyes católicos, las plazas de las poblaciones han ido modificando sus estructuras a la vez que han ido complementando sus funciones. Las plazas mayores se diferencian de otras plazas y plazuelas con independencia de la superficie de su planta, por lo general superior a la de las restantes y regularizada, sobre todo por sus dos finalidades fundamentales de las que carecen otras plazas del conjunto urbano: utilidad y representatividad.

En cuando a la utilidad, está concebida para servir a la sociedad, no como la tardía Place Royale Francesa, dispuesta sólo para exaltar a un monarca o personaje notable dentro de un espléndido conjunto arquitectónico programado, ni como las modernas plazas creadas con proporciones extraordinarias para exhibición de masas en desfiles cívicos o despliegues militares. Las utilizaciones para las que se crearon las plazas mayores variaron de acuerdo con las intenciones de cada época pero la representatividad ha sido la finalidad constante de una Plaza Mayor. Las plazas de Mercado que, por lo general constituían el centro comercial y lúdico del conjunto urbano medieval, se han convertido en plazas mayores en muchas localidades. Pero en ellas, en la época de los Reyes católicos, fue representado, además, el poder social del Consejo local.

Bajo los Reyes Católicos las plazas mayores creadas adquieren tres funciones. Constituida la Plaza Mayor para servir a sus funciones mercantiles, en ella se celebraban también las diversiones públicas y su tercera función, fue la obligada construcción de las Casas Consistoriales. Los Reyes Católicos, en su deseo de mejorar los conjuntos urbanos y con la idea de que "ennoblécense las ciudades y villas en tener casas grandes y bien hechas, en que fagan sus Ayuntamientos y Consejos, y en que se ayunten las Justicias y Regidores y Oficiales a entender en las cosas cumplideras a la República que han de gobernar" ordenan en Toledo, en el año 1480, a las ciudades y las villas de su Corona "que fagan su casa de Ayuntamiento y Cabildo donde se ayunten, bajo la pena que en la ciudad o villa donde no se hiciere" pierdan los oficiales sus oficios de Justicias y Regimientos. En la mayoría de los conjuntos urbanos, a partir de las anteriores disposiciones de los Reyes Católicos, se levantaron los edificios de las Casas Consistoriales en la Plaza de Mercado, por ser éste el espacio que ofrecía mayor amplitud para manifestar con representatividad, la efectiva importancia que se concedía al gobierno local. Al surgir la función político-social con la creación de la Casa Consistorial edificada en la Plaza de Mercado, ésta se convirtió en Plaza Mayor municipal, y en ella persistió su primitiva función de mercado y la segunda función de diversiones y ocio.

Durante la época de los Austrias y desde las iniciales plazas mayores programadas por Felipe II, seguidas por las que se levantaron en los reinados de los sucesivos monarcas, hasta que las antiguas plazas medievales fueron regularizadas, todas tuvieron la finalidad, entre otras, de ostentar la grandeza de la ciudad. Después, durante la Ilustración, surgió la Plaza Mayor como símbolo representativo de la felicidad y del bienestar de los ciudadanos, meta que ansiaban conseguir aquellos hombres "ilustrados". Y, desde mediados del siglo XIX se edificaron Plazas Mayores para mostrar la prosperidad económica de las poblaciones mediante la majestuosidad arquitectónica de su fábrica.

Para cumplir el Consejo con su función político-social dispuso balcones volados en la planta noble de la Casa Consistorial de donde se comunicaban los sucesos o aquellos castigos, ajusticiamientos y autos de Fe decretados por la Santa Inquisición. Espectáculos alegres, luctuosos o trágicos presenciaban el Consejo y personajes desde su Casa Consistorial y el vecindario desde las suyas, sin contar con las gradas efímeras de madera levantadas para complementar el acomodo de otros espectadores. Entre los espectáculos y festejos, aparte de los taurinos se encontraban las representaciones teatrales y parte de los festejos formaban las luminarias y fuegos, las mascaradas, los bailes populares y las mojigangas. Manifestaciones y protestas políticas o sociales, revueltas populares, siempre se congregaban en la Plaza Mayor para presentar sus propósitos a la autoridad local. A diario las plazas eran el lugar de pacíficas reuniones, de ocio, esparcimiento y paseo. La Casa Consistorial que es el edificio fundamental de la plaza, preside su recinto y ocupa uno de sus lados o parte de él. Las plantas tienden a la regularidad y sus lados están atacados por calles que acceden a la plaza, a veces, bajo pasos cubiertos.

En la submeseta septentrional, por haber sido repoblados lentamente sus núcleos urbanos, persistieron en ellos las características de sus iniciales Plazas de Mercado, en la mayoría con sus lados, o alguno de ellos, soportalados, generalmente porticados con carreras, zapatas y pies derechos de madera, mientras que en las zonas galaico-cantábrica y catalano-aragonesa abundan los soportales con arcadas de piedra y ladrillo. Por el contrario, en la submeseta meridional, en la zona levantina y Andalucía, a causa de su original estructura urbana musulmana, apenas existieron plazas medievales de mercado que pudieron convertirse en Plazas Mayores municipales.

En muchos núcleos urbanos, principalmente rurales, el mercado se celebraba frente a la iglesia. Cuando se construyó la Casa Consistorial constituyéndose la Plaza Mayor municipal, ella quedó en uno de los lados de la plaza mientras que en el otro quedaba la iglesia. Los lados restantes se formaban por casas con soportales si tenían tiendas o sin soportales cuando no tenían tiendas.

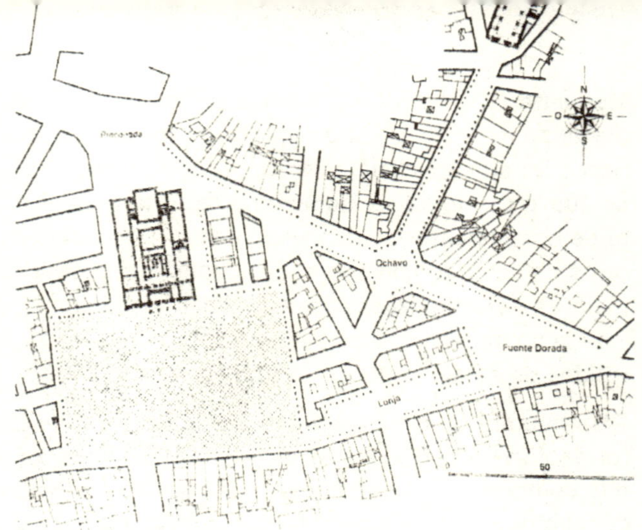

Plaza Mayor de Valladolid.

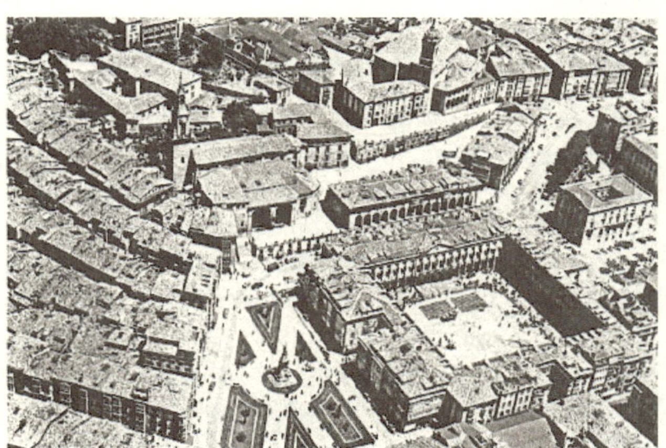

Plaza Mayor de Vitoria.

Mediante una progresiva alineación de los linderos de cada edificio a la plaza, se iba consiguiendo un perímetro regular o aparentemente regularizado en su superficie, mientras que, a la vez, las fachadas se levantaban de nuevo con la mayor homogeneidad posible entre ellas y el complemento de componentes funcionales, como los soportales, balcones, galerías y otros de acuerdo con sus necesidades autóctonas. Las transformaciones y mejoras de las plazas, se puede decir, se inician a principios del siglo XVI y de la composición y ambiente de las plazas ordenadas se estima la validez de su conjunto hasta finales del siglo XIX.

Otra manera distinta y contraria a la seguida, lenta e individual formación de la Plaza Mayor ordenada es la de aquellas plazas construidas completamente de nuevo, cumpliendo un programa fijo, siempre concebido con sentido profano, no religioso, con el cual se redacta el proyecto para su edificación. Ésta se configura como unidad arquitectónica, constituyendo su totalidad una pieza completa y única, con planta geométrica y uniformidad en sus fachadas.

Cada uno de los anteriores tipos fundamentales obedece a dos conceptos de creación diferentes. La Plaza Mayor programada fue dispuesta por las clases rectoras de la sociedad y proyectada como una armoniosa pieza arquitectónica, de acuerdo con los ideales estéticos y cultos de cada época. En cambio, la Plaza Mayor ordenada es fruto espontáneo del genio de sus moradores, pues la construyeron fragmentariamente, aprovechando las circunstancias favorables e imitando la ordenación de las programadas en unos casos o en otros, conjugando con pintoresquismo edificios de composición diferente.

Es probable que el origen de estas plazas estuviera en la mente racional de Felipe II, influida por el rigorismo formal y la proporción arquitectónica. Probablemente el monarca concibe reglamentar con uniformidad el espacio de las plazas Mayores, y es posible que a esa idea contribuyera la contemplación del diseño realizado por Machuca para la lonja, regular y a manera de amplia plaza, dispuesta frente al palacio granadino de su padre, el emperador Carlos V, pues sabemos la afición que tenía por las trazas de arquitectura, las cuales estudiaba y celosamente reunía en la Torre Dorada de su alcázar madrileño.

Pero lo cierto es que en 1561, cuando el monarca ideaba la composición geométrica de las trazas para su monasterio de El Escorial, surge en

Valladolid la primera Plaza Mayor programada que conocemos, a la que
sigue el intento de construir la de Oviedo, en 1587, y después de
comenzar en 1590 la inacabada toledana de Zocodover, fracasa el
propósito de levantar la madrileña con intervención de Juan de Herrera.
Años después, en 1617 y bajo el reinado de Felipe III, se comenzaba la
Plaza Mayor de Madrid con trazas de Juan Gómez de Mora.

Plazas residenciales

Más tarde en los siglos XVIII y XIX se construirían las plazas programadas de Vitoria, Bilbao, La Coruña, entre otras, con un carácter emi-
nentemente representativo, presididas siempre por el Ayuntamiento,
pero que no desaprovechaban la ocasión para convertirse en operaciones urbanas de un carácter innovador que pretendían, al mismo tiempo,
mejorar y modernizar la tipología residencial, lo que no dejaba de ser
una exigencia de las clases emergentes con el nuevo poder económico.

En el siglo XVII empezaron a emerger plazas de talante distinto que las
plazas institucionales renacentistas: fueron las plazas residenciales
que en Francia constituyen los nuevos escenarios urbanos y sirven a la
propaganda del absolutismo. Se trata de telones para situar la estatua
del rey y como tales nada más adecuado que unas fachadas continuas
y uniformes de inspiración clásica con sus plantas bajas porticadas.
Las plazas parisinas, muy en particular la **Place Royale**, Place des
Vosges después de la Revolución, tendría una enorme trascendencia en
la historia del urbanismo europeo como prototipo de plaza residencial.
Dedicada a Luis XIII, se situaba en el noreste, cerca de La Bastille
donde estaba el Hôtel des Tournelles, la villa urbana del Duque de
Orleáns. La propiedad fue adquirida por la corona tras su asesinato.
Allí murió Luis XII y Enrique II en un torneo sobre esos mismos
terrenos, por lo que su viuda Catalina de Médicis hizo que el hôtel
fuera demolido y el área permaneció abandonada hasta que en 1594,
Enrique IV cedió temporalmente una parte de ésta a Sully con objeto
de destinarla a mercado de caballos. En 1599 un tal M. Delisle presentó
la propuesta de construir una manufactura de velours (terciopelo),
propuesta aceptada en 1604. Se construyeron primero tres lados con
casas para los obreros y después el cuarto lado que ocupaba la fábrica,
una vez demolida en 1612. La plaza se constituía de 38 casas de

fachadas uniformes y excluía el tráfico ajeno a ella. En los lados norte y sur dobles arcos daban entrada en la plaza y unas crujías más amplias y altas. El edificio de entrada en el lado meridional era el Pavillion du Roi. La planta baja era porticada y las dos plantas superiores cubiertas de tejados de pizarra individuales, de fuerte pendiente con buardillas. Convertida en una plaza cortesana, funcionó como campo de torneos y sus balcones como palcos. Representaba así el sometimiento de la aristocracia, que hasta entonces residía en Chateux y hoteles urbanos, al control de una idea integradora, la de formar el telón de fondo de la monarquía; convertirse en la pompa de la corte. La plaza siguió transformándose a lo largo del tiempo de modo que el suelo, al principio de grava más tarde de cuarterones de césped y árboles simétricamente plantados y protegidos por cercas, mostraba el nuevo gusto que incorporaría la vegetación en la composición espacial como veremos más adelante.

Después de la Place Royale, la **Place Vendôme** resumía probablemente el concepto escenográfico de las plazas reales. Situada al norte de los jardines de las Tullerías más allá de la Rue Rivoli y de la Rue St. Honoré, su génesis representaba, al potenciar el valor urbanístico de un área urbana en expansión, los problemas de los promotores inmobiliarios con fines especulativos. Los terrenos formaban parte de la villa urbana y los jardines del empobrecido duque de Vendôme que, tras su muerte en 1670, tuvieron que venderse para enjugar sus deudas. Jules Hardouin-Mansart, sagaz hombre de negocios, además de uno de los más destacados arquitectos acometió la tarea, junto con algunos financieros, de reurbanizar los terrenos construyendo casas para arrendar. Louvois, un acuadalado personaje de la corte se presenta como el primer financiero del proyecto. El superintendente de edificios decide mientras que se construya una plaza monumental para una estatua del rey. Las academias, la nueva biblioteca nacional, la real casa de la moneda, residencias para embajadores tenían que instalarse en la plaza por lo que se procedió a la adquisición también de unos terrenos que pertenecían a los capuchinos. Tras la muerte de Louvois los terrenos fueron cedidos al municipio y finalmente la construcción de la plaza se redujo a la construcción de fachadas. La plaza consistía en un rectángulo con esquinas achaflanadas; edificios de 3 pisos y buardillas con cubiertas continuas. La estatua fue destruida en la revolución y sustituida por la Colonne d'Austerlitz de 44 metros, en 1810 por Napoleón.

Place des Vosges según el
Plano de Turgot.

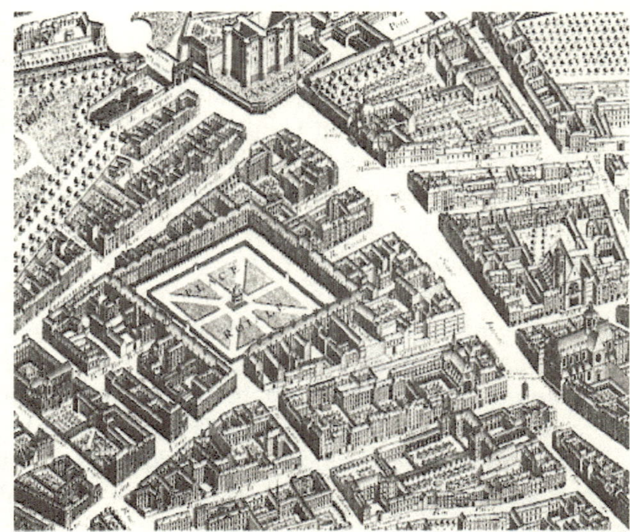

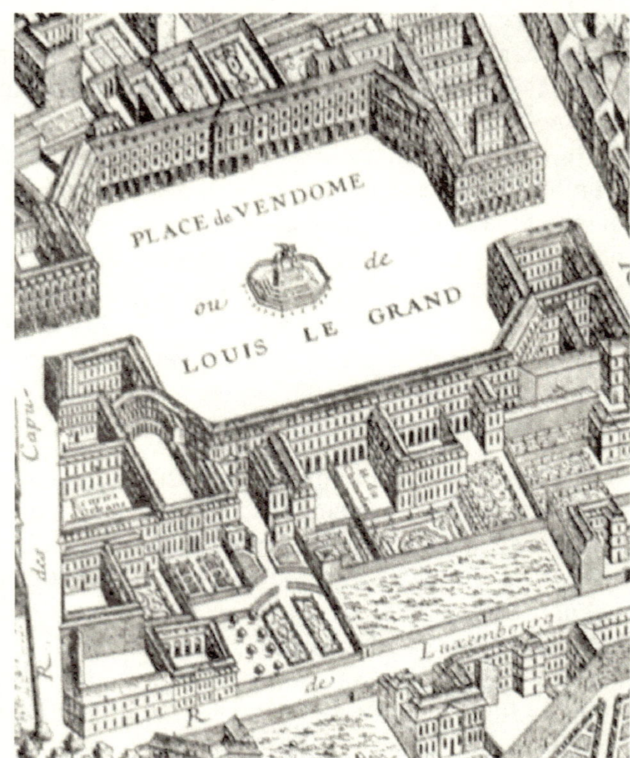

Place Vendôme.

En Inglaterra mientras, después del gran incendio de Londres una serie de plazas residenciales siguieron el ejemplo del **Covent Garden** que fue la primera plaza a lo continental que construyó Íñigo Jones. Covent Garden fue el antecedente inglés de las *square* como modelo adaptado en unas circunstancias particulares de la propiedad y la forma de producción urbana que se ha dado en la reconstrucción y expansión urbana de la ciudad de Londres. Fue una operación especulativa del cuarto conde de Bedford sobre terrenos que pertenecían a su familia y cuyo uso primitivo había sido parte de los huertos destinados al cultivo de productos agrícolas de un convento. El conde, muy inteligente en el terreno de los negocios prácticos, según la descripción de John Summerson,[25] reconoció su potencial valor. La obtención de una licencia de obras de urbanización para un amplio conjunto residencial destinado a clases altas, en oposición al tolerado proceso habitual de acrecencia suburbana gradual, no resultó fácil ni incondicional. Se le exigía al conde que la ejecución de su edificio especulativo se hiciera "a tal escala y de tal modo que supusiera un embellecimiento de categoría para la capital y no un mero ensanche de la misma". Se le impuso asimismo a Íñigo Jones (1573-1652) como arquitecto. La plaza adoptó la forma de un rectángulo situado justo al norte del jardín de la Bedford House. Sus lados norte y este contenían casas en hilera de diseño uniforme; otras casas idénticas flanqueaban la iglesia de San Pablo y formaban el lado occidental. El lado meridional se mantuvo abierto conservando las vistas al norte de la casa y los jardines, hacia las colinas de Highgate y Hamstead y reduciendo al mínimo la intimidad de la mansión. Dos calles penetraban en la plaza por los puntos medios de sus lados oriental y septentrional. Al proyectar su plaza, Íñigo Jones conocía sin duda los precedentes de la Europa continental, en especial la primera de las plazas residenciales de París, la Place Royal, construida bajo el reinado de Enrique IV.

Como ha observado Summerson, es esencial pensar en Jones como un arquitecto de la Corte empeñado en imponer fórmulas extranjeras, que ni resultaban comprensibles ni eran bien acogidas por los ingleses corrientes. En 1615 y a su regreso de un segundo viaje de estudios por Italia, fue nombrado para el cargo de Inspector del rey y con anterioridad había sido muy solicitado en los círculos cortesanos. Covent Garden fue, al comienzo, un barrio residencial de gran distinción, pero la demolición de la Bedford House en 1703, su sustitución por viviendas de inferior calidad y el establecimiento del mercado de frutas y verduras ubicado en

Covent Garden.

el recinto central, con carácter permanente al consolidarse los puestos provisionales y construirse edificios permanentes, cambió su carácter que ha ido evolucionando hasta la actualidad.

Las plazas de Londres

Un cierto número de plazas siguieron el modelo del Covent Garden. Las grandes fincas del oeste de Londres se urbanizaron, por regla general, mediante concesiones para construir en arrendamiento, un sistema peculiar del país. Rasmussen observa que "cuando un conde o un duque querían sacar provecho de sus propiedades, deseaban poder determinar el vecindario que iban a tener. El gran propietario y el constructor especulativo se encontraron el uno al otro y juntos crearon las plazas de Londres, de carácter unitario, rodeadas como están por sus decorosas casas todas iguales".[26] Sir John Summerson establece tres claros principios del desarrollo urbanístico de estas plazas. Primero, el principio de una iniciativa aristocrática; la presencia de la casa del propietario de los terrenos en la plaza. Segundo, el principio de unidad urbanística completa, que incluía la plaza, las calles adyacentes, los mercados y en ocasiones, la iglesia. Tercero, el principio del constructor especulativo que operaba como intermediario. Ésta era la norma por la cual los grandes propietarios conservaban a la vez la titularidad del suelo y el control de los edificios que se construían sobre él.

Las plazas y sus calles adyacentes se trazaron a base de esquemas muy simples, basados invariablemente en el principio de la retícula. Ejemplos: la Bloomsbury Square, hacía 1633, con la mansión de Lord Southampton e hileras de casas uniformes que más tarde, hacia 1800, también se construyeron sobre los terrenos que ocupaban los jardines de la

Southampton House, derribada, constituyéndose así la adyacente Russell Square; la St. James Square cuyos primeros proyectos datan de 1662, después de abandonarse la idea inicial de ser un enclave exclusivo de grandes mansiones, se construyó con un esquema planimétrico que presentaba una gran analogía con Bloomsbury Square, con la iglesia de St. James construida por Wren entre 1676 y 1684 en el eje central de la plaza; Soho Square es otra operación urbanística de carácter especulativo, obra del arquitecto Gregory King que contaba con la impresionante presencia de la Monmouth House en su eje compositivo; Red Lion Square, obra del constructor especulativo Nicolas Barbon; las plazas de Mayfair, Hanover Square (1717-1721), Grosvenor Square (1725), Berkeley Square.

Espacios porticados o vegetación

En las plazas residenciales después del Covent Garden que sí tenía soportales, ellos no tenían sentido ya que los mercados en las plazas londinenses se albergaban en construcciones situadas en el centro de la plaza. Estos centros barriales que fueron los *square* destinados, sobre todo, en la actividad del esparcimiento vecinal y en aportar calidad y valor añadido a las construcciones especulativas, optaron por la vegetación y el ajardinamiento, en cierto sentido, sugerido, por un lado, por los jardines de las casas aristocráticas que han ido desapareciendo y por otro, por ser tan natural en el clima húmedo británico. La vegetación, en este sentido, respondía a la condiciones climáticas acondicionando los espacios, de manera análoga que lo hacían artificialmente los pórticos en los climas más áridos o más extremos controlando las condiciones de calor, frío, viento, sombra, etc. La representatividad de estos lugares destinados a las clases privilegiadas, estaba asociada a la calidad ambiental que se lograba así de una manera tan inmediata como con las plantaciones de plátanos en el lugar de los monumentos y otros recursos arquitectónicos. Este espíritu de una estética ambiental también convergía con un espíritu de la economía y de la especulación que caracterizaba estos proyectos.

La place de la Concorde

Pero no serían únicamente las plazas residenciales que incorporarían en su decoro y composición como elemento fundamental la vegetación. La

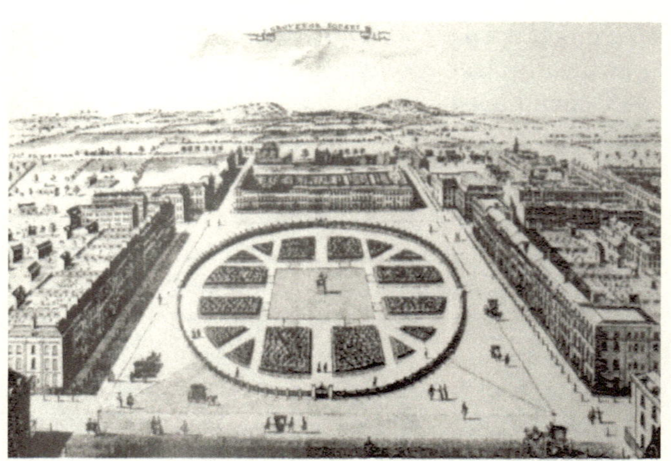
Grosvenor Square.

última generación de las plazas barrocas incorporaría el elemento de la vegetación que iba a ser muy significativo a partir de ahora. La place de la Concorde es un nuevo concepto de plaza, con una gran complejidad que integra todo el conocimiento del Barroco y que sobrepasa avanzando hacia el pensamiento deciochesco e ilustrado, que oscila entre la naturaleza y la razón. Se trata de una articulación de varias operaciones urbanas y arquitectónicas estructuradas a través de unos ejes, que se amortiguan en la plaza: la Rue Royale con la Madeleine cerrando la perspectiva, los Campos Elíseos que prolongan el eje de las Tullerías hacia el oeste, el Puente de la Concorde con la Asamblea Nacional en el fondo, la Rue Rivoli que ataca desde el este tangencialmente a la plaza y perpendicular a la Rue Royale, el Cours de la Reine que se plegaba paralelamente al río y tuvo su simétrico en el otro lado de los Champs Élysées. Inicialmente la Place Louis XV, ocupaba el espacio libre que en el plano de Turgot (1734-1739) aparece como un espacio de transición sin función ninguna, entre el muro de los Jardines de las Tullerías y el área ajardinada de los Champs Élysées. Los terrenos así delimitados como los situados en torno a la proyectada iglesia de la Madeleine fueron cedidos por el rey. La plaza fue construida según el proyecto de Jacques Ange Gabriel (1755-1775).

Se había convocado un concurso de ideas para un emplazamiento apropiado de una estatua ecuestre del rey, encargada por la ciudad de París al escultor Bouchardon, al cual presentaron sus propuestas más de

60 arquitectos. La colección de proyectos reunidos en un volumen de grabados titulado *Monuments erigés à la glorie de Luis XV*, publicado en 1765, constituye un documento elocuente del pensamiento urbanístico contemporáneo.

En contraposición a los espacios cerrados y supeditados a la configuración arquitectónica, en el siglo XVIII, los espacios abiertos constituían el nuevo ideal y en su materialización se incluían los elementos paisajísticos. La plaza se desplegaba en tres direcciones hacia espacios abiertos. Para la definición de la plaza conectada a los espacios ajardinados existentes situados al este y a los cuatro ejes preexistentes -el definido por el Jardín de las Tullerías y los Champs Élysées, la Rue Royale, abierta en 1732, el Cours de la Reine y su equivalente al norte de los Champs Élysées- los elementos paisajísticos desempeñaban un papel mucho más importante que los edificios que tan sólo formaban el lado septentrional de la plaza. El fundamento de la ordenación de Gabriel consistía en un foso de unos 5 metros de profundidad y 18 metros de anchura cubierto de césped y rodeado por una balaustrada; esquinas achaflanadas creando un efecto octogonal de configuración semejante a la place Vendôme por donde se daba acceso al Cours de la Reine y la avenida simétrica a ésta en la esquina noroeste. Estas entradas junto con otras cuatro situadas en el centro de los lados, se establecían atravesando el foso mediante seis puentes. Las obras comenzaron en 1755 con la colocación de la estatua de Luis XV en el punto de intersección de los dos primeros ejes citados. En el lado norte Gabriel construyó los Garde-Muebles, dos edificios idénticos, simétricos respecto a la Rue Royale cuyas fachadas respetaban y armonizaban con las del Louvre, obra de Perrault. Al igual que la Place Vendôme se construyeron sólo las fachadas. La terminación de los edificios situados tras ellas no tuvo lugar hasta muchos años después. Este proceso especulativo se repetiría en 1805, cuando se abrió la Rue Rivoli, en dirección este, por los arquitectos de Napoleón I, Percier y Fontaine.

En 1792, durante la Revolución, fue derribada la estatua de Luis XV y Luis XVI fue guillotinado el 21 de enero de 1793 frente a la esquina noroeste de la *place* dedicada a su padre, rebautizada entonces con el nombre de Plaza de la Revolución. La construcción de la iglesia de la Madeleine (1764-1842) fue muy accidentada y discutido su uso religioso;

se pensó incluso sustituirla por la estación de ferrocarril. El majestuoso
Pont de la Concorde a través del Sena sobre el eje de la Madeleine/Rue
Royale/Place de la Concorde, se terminó en 1790. La vista axial a lo largo
del puente culmina en la cúpula del palais Bourbon, sede de la
Assemblée Nationale en la orilla izquierda. El obelisco de Luxor, traido
de Egipto por Carlos X, fue colocado en el lugar de la estatua, en 1836.
En 1854, Hittorff agregó dos fuentes que en el proyecto original de
Gabriel figuraban a cada lado del obelisco en los puntos que los dos
ejes oblicuos cortan el de la Madeleine. Entonces se rellenó también el
foso y la plaza adquirió su aspecto actual. Siendo una de las realizacio-
nes urbanísticas de mayor magnificencia de la historia, su creación duró
más de 250 años, desde el inicio del palacio y los jardines por Catalina
de Médicis.

Nancy

Sin duda esta enorme experiencia en la construcción del espacio
público desde el Renacimiento y transcurriendo a través del Barroco
encontraría su máxima expresión en **Nancy**, la antigua capital de
Lorena a 350 km de París hacía Estrasburgo. Allí se crearía quizá la
más compleja de las plazas que se fundan sobre los principios compo-
sitivos de los foros imperiales. Una plaza de carácter representativo,
espacio direccional perfectamente delimitado por fachadas porticadas
y pórticos que asumen la función de cerramiento, de manera que se
deje entrever el paisaje circundante. El diseño compatibiliza la arquitectura y la vegetación.

La ciudad consistía de dos partes, el núcleo medieval situado al norte y
la ciudad renacentista hacia al sur, ambas fortificadas. La ciudad fue
tomada por los franceses en 1633 y más tarde, en 1697 devuelta a los
duques de Lorena, pero antes se derrivaron sus defensas quedando las
dos ciudades separadas por el área libre que dejaron las fortificaciones
y las zonas de tiro. En 1736, tomada de nuevo la ciudad por Luis XV, la
regaló a su yerno, Stanislas Leszczynski, ex monarca de Polonia, que
asumió el papel de un gobernante ilustrado. Consciente de las deficiencias del planeamiento de su ciudad en los 3 siglos precedentes y para
resolver el problema de unidad entre las dos partes, contó con el arqui-
tecto-urbanista Héré de Corny.

Una nueva plaza en torno a la estatua de Luis XV, después Place
Stanislas, se abre a dos ejes urbanos: una nueva vía principal que
atraviesa Nancy de este a oeste por la línea de las fortificaciones de la
Ville-Neuve; discurriendo hacia el norte por la ciudad medieval y
formando ángulo recto con el primero, el segundo eje constituía la
secuencia de tres espacios: la Place de la Carrière enlazada con la Place
Royale a través del corto tramo de la Rue Héré y el Hémicycle frente al
Palais du Gouverneur que forma la terminación septendrional de este
segundo eje. Entre la Rue Héré y la Place de la Carrière existe un majestuoso arco triunfal.

El plan incorpora la huella de las fortificaciones, un notable edificio que
forma el lado oriental de la Place de la Carrière, el Hôtel de Beauvau
Craon, actual Palais de Justice cuyo alzado se reprodujo en el lado
opuesto de la plaza, y cuyas proporciones se adoptaron como base de los
edificios que habían de enmarcar la Place Royale. Las magníficas rejas
que cierran sus cuatro esquinas permiten las vistas hacia el exterior. La
Rue Héré que consistía en principio en una columnata se transformó en
una calle comercial de fachadas de dos pisos armonizadas con la plaza
principal. La Carrière consta de una parte meridional despejada y pavi-
mentada y el largo espacio direccional hacia el Hémicycle acentuado por
dos hileras de árboles podados de determinada forma y situadas a cada
lado del eje central. El Hèmicycle, frente al Palais du Gouverneur consta
de columnatas semicirculares abiertas hacia la ciudad medieval. El
conjunto demuestra cómo es posible realizar una gran obra sin destruir
lo que ya existe y crear un nuevo elemento simbólico que mantendría la
memoria de las antiguas estructuras. El arco de triunfo expresaría el
espíritu de la muralla, separando la ciudad antigua de la nueva y
recreando el sentimiento de la antigua forma orgánica bicelular.

LA CONCEPCIÓN URBANA DE LA ILUSTRACIÓN

En la discusión teórica de la ciudad en el siglo XVIII domina la teoría de
Laugier y el paradigma de los parques en el origen de la renovación de la
morfología urbana. El concepto es orden y variedad, pintoresquismo y la
proyectación de la ciudad por partes. El ensayo de Laugier[27] sorprenden-
temente enuncia la tesis de la asunción de la pluralidad morfológica

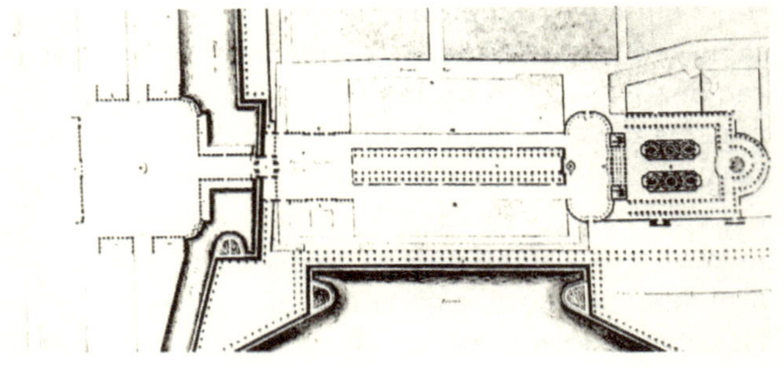

Nancy.

como un dato cualitativo, antes aun que inevitable, en la ciudad de nuestro tiempo. Pluralidad que no implica una renuncia en la configuración unitaria y coherente de los nuevos tejidos urbanos, sino más bien la idea de proyectar la ciudad por partes, circunscritas en límites razonables de homología formal y relacionada entre sí por un plan articulado y compuesto. La célebre metáfora de la ciudad-bosque, más allá de la explícita referencia histórica a Le Nôtre y al arte de diseñar los parques, es rica en implicaciones decisivas para la concepción de la fenomenología urbana. La propuesta de Laugier sigue un orden exactamente inverso al formulado en los primeros decenios del siglo XX por los arquitectos racionalistas. Laugier indica como idea de partida en el plan de conjunto de la ciudad el diseño de calles y plazas que asumen el papel de una verdadera y propia estructura generadora de lo urbano, y sucesivamente la definición de los volúmenes y de las formas de los edificios. Téngase en cuenta, sin embargo, que su esquema se detiene justamente en el umbral conceptual desde el que partiría la innovación funcional del racionalismo, esto es, la revisión de tipologías de la edificación residencial. Desde el punto de vista proyectual, lo relevante es que la arquitectura se somete a la composición urbana. En otros términos, la disolución del carácter unitario y globalizador de las implantaciones barrocas, mientras que en el interior de cada fragmento de ciudad se indica la armonía compositiva en la que el equilibrio visual del conjunto prevalezca sobre la formalización de cada edificio singular. "Si se quiere una ciudad bien construida -aclara a este respecto el mismo autor- no hay que abandonar al capricho de los ciudadanos privados las fachadas de sus casas. Todo lo referente a la calle debe ser determinado y regulado por la autoridad pública, siguiendo el diseño fijado para la vía en su conjunto". Diseño bien calibrado de las proporciones tridimensionales, normativa arquitectónica y jerarquía formal, son, en extrema síntesis, los tres principios teóricos nodales de la proyectación de los barrios deducibles del *Essai sur l'Architecture*. Se trata de orientaciones estéticas que dejan de lado las cuestiones sociales que en poco tiempo se convertirían en problemas centrales en los proyectos de ampliación de las ciudades debido a la agudización de las contradicciones urbanas.

Los principios de Laugier no quedaron relegados a la esfera de la enunciación abstracta, sino que constituyeron, a su modo, un referente cultural para muchas intervenciones urbanas concretas y propuestas de planificación.

El plano de París por Pierre Patte de 1765 que recompone como en un gran puzzle, parte de los proyectos presentados con motivo del concurso de 1749 para la plaza dedicada a Luis XV, es una aplicación a una ciudad real de los criterios de "variedad", de "policentrismo y de calculado sensualismo de los numerosos y alternos juegos prospécticos". En estos criterios resuena el eco laugeriano que el mismo Patte reafirma en el ensayo *Des embellissements de París* que acompaña las láminas.

La apertura de las grandes plazas iniciada en París por Enrique IV con la realización de la Place Dauphine (1607-1614) y de la Place Royale (hoy Plaza de los Vosgos 1605-1612), se convierte a partir del siglo XVII en una técnica determinante en los proyectos de la intervención urbana, tanto en lo que afecta a los programas de modificación de lo existente, como en lo referente a los planes de nueva expansión. Uno de los aspectos más interesantes es el procedimiento ejecutivo que prevé la anticipación de la construcción de las fachadas, según el dictamen de un proyecto unitario impuesto por el edicto real, sobre las subsiguientes ordenaciones internas confiadas a la iniciativa privada. Se pone así en práctica la "pública magnificencia", un sistema de control de la imagen urbana, que aun limitándose en la epidermis de la envoltura externa de los edificios, hizo posible la calibrada composición de las cortinas edilicias, que conservan intacta su fascinación tras el tiempo transcurrido.

Las pequeñas y medianas ciudades francesas a partir de la segunda mitad del siglo XVII, asumen sistemáticamente la construcción de *places royales* como polos de los procesos de expansión urbana y, a la vez que, como potenciadores de la cualificación de los nuevos tejidos y su articulación con los viejos.

Al mismo tiempo que en Francia se construían las plazas reales, en Inglaterra aparecen también fenómenos análogos relacionados con el crecimiento de la ciudad. Se trata de los ya mencionados *squares* que después del incendio de Londres (1666) se convierten en la fórmula modular de construir la nueva ciudad, bajo un sistema particular de control de la forma urbana. Los Wood, padre e hijo, con su intervención urbana en Bath amplían en tres los *paterns* de la composición urbana: *squares, circuses y crescents*, cuyo resultado es el monumental barrio dieciochesco de **Bath**. Se trata de un proyecto iniciado en 1727; un proyecto ambicioso, a partir del encargo de intervenir sobre los terrenos, propiedad del cirujano Robert Gay: un gran lugar de reunión llamado

Royal Forum of Bath; otra plaza magnífica, llamada Grand Circus; y una tercera plaza, de tamaño igual a las precedentes, para la práctica de los ejercicios medicinales, llamada Imperial Gymnasium. "Un programa mitoepopéyico en que la transfiguración fantasiosa y en ocasiones claramente ingenua de la antigüedad romana, se mezcla con el lúcido cálculo empresarial y con las aspiraciones estéticas del por entonces emergente 'palladianismo' británico".[28]

La fusión de los elementos residenciales en composiciones monumentales será la base de la técnica constructiva de Bath de los Wood. La idea era agrupar una serie de viviendas para obtener el efecto de un palacio único. De este modo entraba en juego el prestigio de una imagen para fines mercantiles. En uno de los frentes de *Queen square*, según el proyecto de Wood, se reúnen ocho viviendas en un único bloque con un gran orden y coronado con un frontón que le da aspecto palaciego. El planteamiento morfológico evoca, como ha demostrado Summerson, algunas soluciones ya experimentadas y pensadas por Edward Shepherd para las grandes plazas londinenses, Cavendish Square y Grosvenor Square. **Gay Street** (1750-1755) está compuesta por dos hileras de casas que trepan sobre la pendiente del valle y forman con sus compactas cortinas una especie de *canyon* que concluye en el envolvente espacio circular del **King's Circus** (1754). La singular plaza en forma de tambor que se compone con tres órdenes superpuestos emulando el Coliseo romano volverá a ser propuesta en muchos de los nuevos conjuntos residenciales, difundiéndose desde Inglaterra por toda Europa hasta convertirse en un paradigma de la conformación urbana setecentista y ochocentista. El **Crescent** (1761-1772) semielíptico tenga probablemente como referente el Coliseo ateniéndose con mayor precisión a la morfología y las dimensiones reales del anfiteatro romano, aunque limitándose a edificar la mitad de la elipse. Igual que el King´s Circus, el Royal Crescent muestra una significativa transformación del referente, cuando sitúa en el interior de la cavidad espacial la articulación plástica de la superficie de fachada por un orden gigante mientras, que en la fachada exterior del Coliseo se articulan los tres órdenes clásicos. El gran orden compone un telón abierto a un espacio comunitario cubierto de césped que se asoma al valle. Resultado de ello es un aligeramiento óptico de la amplia cortina elíptica, que utiliza el propio declive del terreno como componente escénico del conjunto. Aquí la típica vegetación de las *squares* cede paso a la vista escultórica de la fachada continua y a la vista del paisaje. "A la

Bath, Queen Square y
King's Circus.

Bath, King's Circus
y Crescent.

teatralidad de la conformación externa se asocia un avanzado principio de **estandarización** de las residencias, además de la no desdeñable **innovación tipológica** del bloque con sus lados largos abiertos hacia amplios horizontes panorámicos".[29]

El Crescent volverá a ser propuesto en muchos de los nuevos conjuntos residenciales, difundiéndose por toda Europa desde Inglaterra hasta convertirse en un paradigma de la conformación urbana setecentista y ochocentista. Entre las numerosas readaptaciones y actualizaciones en barrios ingleses cabe destacar el de John Carr en Buxton, el Landsdown Crescent de John Palmer, el Park Crescent de John Nash en Londres o el College Crescent proyectado por James Craig en Edimburgo. Finalmente perdería las connotaciones estilísticas específicas del prototipo original y se convertiría en un esquema tipológico manipulable en numerosas variantes dimensionales y formales. Igualmente la tipología del **circus** ha sido utilizada por George Dance para la sistematización del área comprendida entre el puente y la torre de Londres (1786-1791), y asumida posteriormente como **solución formal en numerosos cruces viarios** londinenses, entre ellos están los famosos **Oxford Circus** a **Picadilly Circus**. La amplia difusión de este módulo urbano circular por gran parte de los barrios decimonónicos de toda Europa, se ve acompañada de la gradual extinción de la tensión estética propia de los iniciales proyectos residenciales, hasta transformarse en un sistema corriente de distribución viaria anular.

A los Wood se debe, en todo caso, si no la propia invención de dos tipos urbanísticos, sí ciertamente su amplia difusión: un resultado casi involuntario, debido a la sabia manipulación profesional de soluciones ya en gran parte experimentadas, más que una opción intencional de originalidad ideativa. Su planteamiento morfológico, evoca algunas soluciones ya experimentadas por Edward Shepherd para dos grandes plazas londinenses, **Cavendish Square y Grosvenor Square**. El discurso del Square, por otro lado y siguiendo Summerson, no solamente concierne su amplia experimentación en las plazas londinenses, sino también su lejano **antecedente en los grandes patios con prado de los colleges de Oxford y de Cambridge**.

Si desde los primeros años del siglo XVII, como hemos visto, se construyen elegantes plazas -como el **Covent Garden** (1630) y el **Lincoln Inn's Field** (1640) de Íñigo Jones- donde las influencias del

Renacimiento italiano, y de Palladio en particular, se mezclan con las sugestiones de las places royales parisinas, es en **Bloomsbury Square** (1661) y en **St. James Square** (1665) donde se dibuja la tipología urbanística que caracterizará la edificación de los barrios ingleses de los siglos XVIII y XIX: forma rectangular o cuadrada, cortinas de edificación homogéneas o homólogas; las calles atacan por los ángulos; plazas con vegetación; forma de crecimiento urbano que obedece a una **intervención unitaria** cuyo límite es el de la propiedad; de **único propietario, nunca intervención cooperativista. Las plazas forman centros de barrio** y reúnen diversos servicios.

En **Edimburgo**, James Graig planteó el diseño de un gran barrio residencial atravesado por George Street (1767) sobre el módulo de los *squares*. Se trata de una auténtica *new town* neoclásica compuesta a través de una equilibrada disposición de *circuses, crescents* y *squares* de la época georgiana.

Por razones políticas y económicas bien conocidas, Francia e Inglaterra asumen en el siglo XVIII el papel de naciones-guía, en el ámbito de la teoría y construcción del espacio público de los nuevos barrios y ensanches de las ciudades. En los demás países europeos se difundirán también dos tendencias que oscilan entre el énfasis monumental y la incorporación de la naturaleza como sujeción por lo pintoresco. Las nuevas tendencias ya no serán identificables con culturas regionales concretas, sino más bien con actitudes culturales inequívocamente supranacionales. No son concepciones siquiera antiestéticas sino, las más de las veces, coexistentes en el trabajo de un mismo arquitecto y en una misma actuación.

En **Madrid**, la operación del **Salón del Prado** con el Gabinete de Ciencias Naturales de Juan de Villanueva es un concepto de espacio público que asume los dos ideales: la conjunción de monumentalidad y naturaleza. Juan de Villanueva al recibir el encargo trabaja en una primera idea con la que pretende dar no sólo solución al edificio, sino también influir en la ordenación del paseo. En este proyecto Villanueva renuncia a definir la fachada principal y organiza en su lugar un dispositivo de columnas que avanza sobre el paseo y potencia el espacio existente. (...) El primer proyecto de Villanueva con la columnata exenta no utiliza el lenguaje clásico como máscara formal que sustituye la fachada sino que pretende entender la columnata como espacio urbano, para lo cual el tratamiento que da a la plaza se identifica con el espacio comunitario existente ante el edificio sagrado, y la referencia al *forri* aparece nítidamente definida en su propuesta. (...) El proyecto del Gabinete de Ciencias Naturales adquiere, entonces, un alcance insospechado al trastocar la política de embellecimiento concebida por Hermosilla para el Prado y proponer en su lugar un espacio clásico a modo de plaza o foro antiguo, en el cual el edificio se convierte en fondo iconográfico de la antigüedad. (...) La eliminación de la columnata exterior, del intento de establecer un espacio comunitario en sustitución de la naturaleza integrada en la ciudad, propia de los ideales de su tiempo, plantea una valoración monumental del edificio, y como consecuencia de ello, concibe de forma singular cada una de las cinco piezas del proyecto.[30]

Razón y naturaleza son los dos polos en los que se ha centrado la "dialéctica de la Ilustración" en los diversos campos del saber científico, filosófico, económico y artístico. En el concepto ilustrado del espacio público y de la ciudad, esta dialéctica se manifiesta con una gestación que se remonta a **André Le Nôtre**, el primero en subordinar la arquitectura misma a la composición paisajística de sus *"jardins de l'intelligence"*.

En Francia, como se ha señalado, el uso de la vegetación como elemento determinante de la construcción del espacio urbano, lo encontramos en la extensión de las Tullerías a través de los Campos Elíseos, de la mano de Le Nôtre, y después en la Place de la Concorde y Nancy. Sin embargo sería en el *Essai* de Laugier donde se iba a encontrar una explícita y sistemática teorización de la referencia naturalista como técnica, antes aún que como alegoría del diseño de la ciudad.

Ha de subrayarse que a partir de Le Nôtre, el diseño de parques y jardines se libera de su tradicional sumisión a la arquitectura, como mero instrumento de "embellecimiento" de los edificios y llega a asumir el papel de técnica piloto de la renovación del paisaje urbano. En otro orden, las geometrías de Le Nôtre se convertían en la inspiración generadora de los nuevos trazados urbanos.

Con análoga evidencia, la estética de lo pintoresco se arraiga en el *humus* cultural anglosajón desde que Sir William Temple, en el ensayo *Upon the Garden of Epicurus* (1685), alude a "la condición de moderada-

Johann Bernhard Fisher von Erlach. El Foro de Trajano en Roma, 1726, en "Entwurf einer historischen Architectur".

Juan de Villanueva, Primer proyecto para el Gabinete de las Ciencias Naturales.

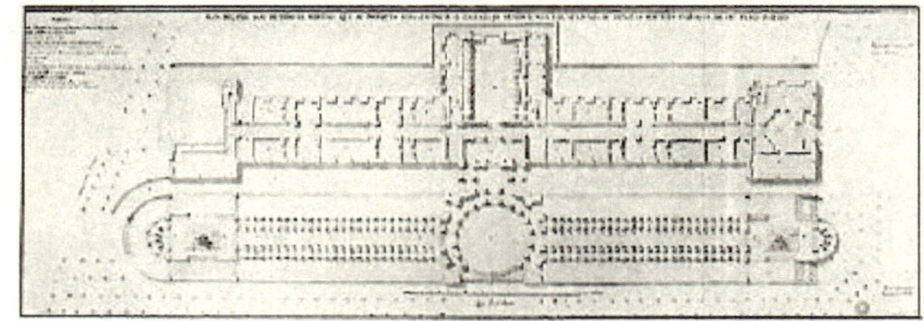

Juan de Villanueva. Planta del piso bajo del Primer Proyecto de Gabinete de Ciencias Naturales, 1785. Museo Municipal de Madrid.

Juan de Villanueva. Fachada principal y lateral del Primer Proyecto, 1785. Museo Municipal de Madrid.

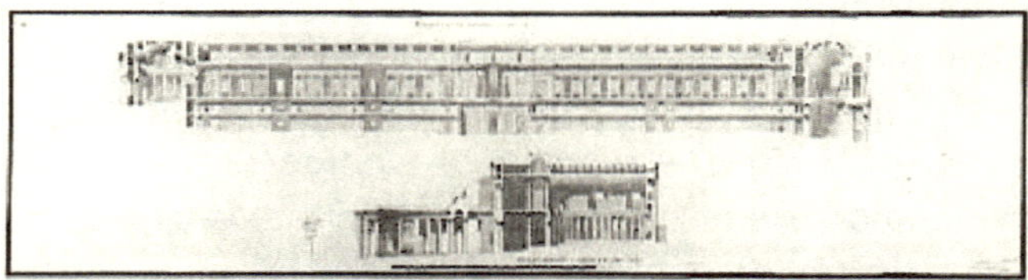

mente selvática de los jardines chinos, como medio para evitar la artificiosidad del jardín formal a la francesa.[31] Se dibuja así la alternativa del **jardín paisajista inglés**, de influencia china, en el diseño de parques, aparentemente más empirista y fiel a la naturaleza pero, en el fondo, controlada con un rigor similar, según Wittkover. Alternativamente la sugestión exótica de Oriente cedería su lugar a la mitología de Hélade, y así se concretaría el llamado **clasicismo romántico**. Es más, aquí empezaría la cuestión urbana a ser sustraída de la hegemonía proyectual de la disciplina arquitectónica, para convertirse en terreno de encuentro de diversos dispositivos del saber "científico". No sólo sería la ciencia de la naturaleza sino con este punto de partida intervendrían la medicina, la estadística, la economía política, la topografía analítica, la ingeniería, las matemáticas, todas estas ciencias que generarían nuevo conocimiento sobre la base urbana. Asistimos así a un nuevo concepto de ciudad, que pone en crisis la idea clásica de *embellisement*, y a la transición de la ciudad-monumento a la ciudad-servicio.

Aunque es difícil de determinar con exactitud el punto de inflexión, un dato históricamente incuestionable es la existencia de una concatenación de causalidad lineal entre la radical innovación de los ciclos de producción provocada por la "revolución industrial" y el origen del urbanismo moderno. El cuadro genealógico de la nueva disciplina muestra, en efecto, una pluralidad de ramificaciones, variadas y complejas, entre las cuales la modificación del modo de producción se inserta como determinante, pero no única ni predominante. Durante el siglo XIX siguen existiendo muchas resistencias al cambio, de naturaleza cultural, que se dilatan en el tiempo y desvían el sentido de la refundación de la disciplina urbanística.

En esta fase, no faltan casos paradigmáticos de proyectación serial de viviendas, para constituir bastidores escénicos de vías y plazas triunfales. A través de estas operaciones de conjuntos urbanos, también se va avanzando hacia la renovación tipológica de la residencia, con la sustancial mejora de los *standards* de habitación que corresponden a los requisitos típicos de confort, exigidos por los usuarios.

En Gran Bretaña, después de Bath y Edimburgo, a principios del siglo XIX, surge un nuevo paradigma urbano que es Regent Park, una operación urbanística ligada a la apertura de Regent Street. Se trata de un parque residencial o un barrio residencial construido en un parque.

París, Rue des Colonnes.

Karlsruhe, Langestrasse.

Silvestre Pérez, Palacio Real
y proyecto de plaza
monumental.

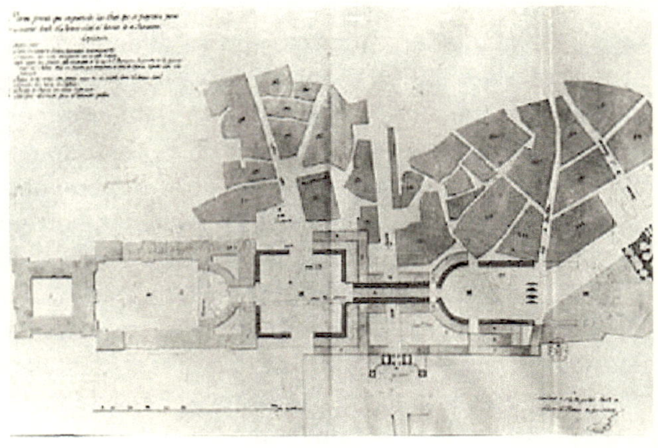

También se podría leer como operación de transformación de la escala del *square,* que se convierte en un gran parque con su perímetro cerrado por bloques de viviendas de alto nivel, y posiblemente constituye el antecedente de la ciudad jardín en clave de los ideales de la alta sociedad.

Intervenciones unitarias y seriales para la residencia son también las de la **fue Rivoli de París y la Langestrasse de Karlsruhe**. El eje principal del Barrio de las Victorias napoleónicas, diseñado por Percier y Fontaine ofrece un ejemplo de la relación entre lo público y lo privado en estos casos. Las arcadas se construyeron con fondos públicos, en tanto que el completar de los edificios se dejó a la iniciativa privada que fue incentivada pero, al mismo tiempo controlada a través de la imposición de una rígida normativa arquitectónica. En Karlsruhe también se ofrecieron incentivos financieros para activar la iniciativa privada (en 1804 y 1810). En este caso, el áulico y gigante pórtico de tres pisos se concebía como elemento de recomposición a posteriori de la imagen urbana, con el fin de eliminar las disparidades morfológicas de los edificios residenciales preexistentes.

En **España** los procesos de la intervención pública se manifiestan con las regularizaciones de los trazados urbanos y normalización de la edificación que se produciría con las **plazas mayores Fernandinas y Plazas Nuevas**. A **Silvestre Pérez** se deben al menos dos proyectos de gran envergadura pública: uno es el de la plaza nueva de Bilbao y otro para Madrid. El trazado de Silvestre Pérez para Madrid tiene gran interés precisamente porque intenta romper el centro aceptado de la ciudad, la Plaza Mayor, desplazando el peso de la misma hacia la zona del Palacio Real. Las megalomaníacas dimensiones del nuevo trazado que consiste en una secuencia de espacios entre el Palacio y la iglesia de San Francisco el Grande, convertida ahora en Salón de Corte, parece emular el trazado de L'Enfant para Washington, como si la unión entre el Capitolio y la Casa Blanca (la unión entre el legislativo y el ejecutivo) estuviese presente en el trazado de Madrid, al unirse el palacio con las cortes. El proyecto, como ha señalado acertadamente Chueca Goitía, "...resucita la idea de ampliación de Sabatini, consistente en crear una gran plaza monumental a mediodía de Palacio que corresponde a la actual de la Armería, pero trazada con mayores vuelos y terminada en exedra. Siguiendo un riguroso eje norte-sur, une a la plaza de Sabatini otra cuadrada, con un obelisco en su centro, que marca la terminación

le la calle Mayor. Desde esta plaza cuadrada, a través de una calle sobre
el puente, es decir, un viaducto, se pasa a la Plaza 'circoagonal' que
enlaza con San Francisco el Grande, donde proyecta una nueva fachada
que mira a uno de sus ejes diagonales. En el centro de este espacio que
como señaló Chueca '...gravita en él el recuerdo de la Roma imperial', se
coloca un arco de triunfo de tres huecos, y en los centrales de las
exedras sendos monumentos. El conjunto es de características colosales
y, no obstante la aparente sequedad de sus líneas, revela una fina sensibilidad para dimensionar y contrastar espacios".[32]

La imposición de los nuevos tipos de control sobre el espacio conduciría
paulatinamente a una **especialización del espacio y una nueva clasi-
ficación de la sociedad en el espacio**. La acentuación cada vez mayor
de la diferencia entre burguesía y proletariado, una burguesía reforzada
por la Revolución Industrial, que tuvo como consecuencia la formación
de una gran base obrera, llevarían a la formación de la ciudad moderna a
dos velocidades. Una que expresaría la producción urbana liberal y especulativa en cuyo beneficio se vigilaba y controlaba la calidad constructiva, y ambiental del espacio. Así la sociedad burguesa ha dado forma al
espacio público. Mientras la otra, que expresaba una preocupación
social por los problemas derivados de la industrialización, el gran
aumento de la clase obrera y las grandes deficiencias de la vivienda pro-
letaria desembocaría en el urbanismo moderno impregnado por la
ideología del socialismo, que concebía la nueva ciudad funcionalista,
higiénica e igualitaria.

LAS NUEVAS TÉCNICAS DE TRANSFORMACIÓN URBANA EN EL SIGLO XIX

En el marco histórico del siglo XIX, lo más importante quizá es el salto
de escala de las transformaciones urbanas con los consiguientes
problemas de naturaleza social, antes que técnica o formal. En este
momento histórico las tácticas de control proyectual están ligadas a los
grandes números. **La cuestión de la vivienda** que, por otro lado, afron-
taría Engels[33] representaría la **confrontación entre intereses públicos
y privados, entre la imagen pública y el beneficio privado**. La edificación residencial determinaría la morfología del espacio urbano del

siglo XIX que se genera a través de los **ensanches** o las **reformas internas. Esas operaciones**, además de la **renovación residencial** son ocasión para la implantación de los **nuevos servicios urbanos**: agua corriente, alumbrado público, nuevos transportes, el **sistema verde** de las ciudades con las plantaciones de sus viales y la creación de los grandes pulmones verdes.

En las grandes reformas internas de París promovidas por el barón **Haussmann** los *patterns* morfológicos son de ascendencia histórica: trazados viarios en "estrellas", en "tridentes" o en "cruz" inspirados en Roma de Sixto V y Versalles de Le Nôtre; el *culte del axe barroco*. Estos trabajos tienen un carácter de continuidad con los trabajos anteriores: la prolongación de la rue Rivoli a principios del siglo XIX, y las redes de la unión con las estaciones ferroviarias, las nuevas puertas de París, obra del Perfecto Rambuteau. La **lógica de los *embellisements***, intervenciones puntuales de recalificación de los tejidos urbanos, y la **estrategia de la ciudad servicio** fundada en la equilibrada difusión de las instituciones públicas, son sustituidas por la moderna idea de metrópoli entendida como **máquina urbana**. La naciente metrópoli industrial, "ciudad-máquina" tiene como fundamento la infraestructura técnica. La **red de infraestructuras**, calles, agua, energía, transportes, servicios y equipamientos de todo tipo, asume una inédita preeminencia jerárquica. Con este patrón **la arquitectura** se **subordina al trazado viario y la forma del espacio público**. La preexistencia de los propios **monumentos** del pasado, será contemplada escogiéndose como puntos focales de las perspectivas y de las composiciones o quedándose reducidos a *objects trouvés*, aislados o reciclados como signos visuales en un paisaje metropolitano radicalmente renovado.

En la figura del gran *démolisseur* se representa la **erradicación de los valores de la ciudad preindustrial**, aunque la metrópoli haussmanniana no es indiferente a la estructura urbana preexistente a la que se superpone. En muchos aspectos el núcleo histórico es notablemente potenciado como centro (político, comercial y social) del nuevo asentamiento urbano. La *grand croisée* de la rue Rivoli y la rue Saint-Antoine con los bulevares Sebastopol y Saint-Michel, la exaltación del Hôtel de la Ville como corazón metroplitano, la remodelación de l'Ile de la Cité con la apertura del gran *parvis* delante de la catedral de Notre Dame, la ampliación del palacio de justicia, la edificación de la nueva Prefectura y la apertura de tres nuevas calles en eje con los tres nuevos puentes, son las grandes operaciones que junto con la realización de otras imponentes obras públicas en el interior del área histórica, como la place de la Ópera, Les Halles, el Arcis, etc., darán lugar a los nuevos espacios-servicios de la metrópoli industrial. La innovación arquitectónica desde el punto de vista compositivo sería la supresión de los órdenes de las fachadas del típico *inmueble de rapport* que constituyen los bulevares. La continuidad de las fachadas se potencia con un cierto predominio de líneas horizontales de cornisas, el ritmo repetitivo de los huecos, las cubiertas siempre en mansarda y sólo se rompe y se diversifica con las esquinas de ricos remates.

Antes en la ciudad deciochesca de París se veía una variedad de tipos: junto a la persistencia del edificio burgués sobre parcela profunda de ascendencia medieval, basado en la unidad entre vivienda y taller, el hábitat aristocrático, *hôtel* entre *cour et jardin* de formación cinquecentista-seiscentista, se afirmaban los primeros modelos de *maison a loyer* con la planta noble destinada al propietario y los pisos superiores a alquiler. La variedad de tipos de la ciudad dieciochesca pues se vio sustituida en la segunda mitad del siglo XIX por el *inmueble de rapport*, edificio multiplanta de patio cerrado. Su amplia adopción se debía a la exigencia de alta densidad de habitación y de alta rentabilidad que lo imponían como módulo urbano por excelencia; tiene una planta baja y entresuelo destinada a comercio u otras actividades terciarias, un cuerpo central de cuatro a seis plantas con pisos de alquiler y un tercer cuerpo en mansarda con viviendas para servicio u otros. Las diferencias entre los diversos inmuebles residen, además de su situación, en su dimensionado interno (de los patios a las viviendas) y en los materiales de fachada (que van desde la auténtica piedra de cantería a las imitaciones en revoque tratado). La forma del inmueble depende de los espacios resultantes de los cortes viarios. Los trazados de calles implicaban una nueva parcelación que permitía recomponer, en un bloque único, las pequeñas parcelas de la propiedad. Con este tipo de parcelas se pretendía conseguir el máximo beneficio por la inversión, voluntad asociada con una decisión de planificar la composición morfológica de los edificios y la recomposición del espacio público resultante. Con la repetición del *inmueble rapport* se lograba un carácter unitario y una monumentalidad difusa en el espacio urbano.

Con las largas y compactas fachadas que hablan el mismo lenguaje arquitectónico, se superpone la continuidad de las hileras de árboles, la secuencia de comercios, cafés, restaurantes, de las plantas bajas. La mezcla de las funciones comercial y residencial de los *boulevards* arbolados así como las plazas en estrella y constituyen la fisonomía del espacio urbano haussmanniano.

El autoritarismo del proyecto haussmanniano confía al aparato estatal la decisión sobre el dónde y cómo de la construcción de la ciudad, dejando a los promotores la ejecución y el beneficio del programa. *Le Grand Paris* está ideado según las técnicas de control de la forma urbana heredadas del *ancien régime*. A partir de este momento empezaría una transición a la ciudad liberal contemporánea donde tiende a prevalecer el rechazo de la sumisión de la construcción privada, a los planes predispuestos por la autoridad pública.

Aunque la emulación haussmanniana en toda Europa es un hecho, las escalas de intervenciones no tienen parangón y se trata de operaciones de tipo parcial dada la difícil exportabilidad del decisionismo haussmanniano.

La expansión londinense del siglo XIX sigue basada en este empirismo de la planificación con predominio de la iniciativa privada sobre la pública. La tradición de control sobre la forma urbana, sigue puesta en práctica mediante las sucesivas *Bulding Acts* desde la de 1667, la enraizada atención disciplinar a la arquitectura de la ciudad que desde Jones y Wren, a través de Gwyn y Dance, llega a Nash y Soane; *los metropolitan improvements* realizados por John Nash en la cerrada secuencia de *terrace-houses* y de grandes calles que unen Regent's Park con el Mall, en los primeros años del siglo XIX o las reflexiones teóricas y ejercicios gráficos de John Soane en sus *Designs for public improvements* (1828). El gran crecimiento de la ciudad del siglo XIX se debió predominantemente a la edificación residencial privada, mediante la parcelación de los grandes *estates* que han proporcionado los espacios públicos de la ciudad. Los planes arquitectónicos particularizados para cada parcelación presentan un alto nivel de calidad ya que, dentro de los intereses de los Landlords, que ejercían un control riguroso de todo el proceso, era el fin de una máxima valorización de los bienes destinados a retornar a su patrimonio, dado el sistema de arrendamientos prolongados que ha predominado en estas operaciones. A ello se añaden la unidad de intervención a escala de barrio con la dotación de servicios colectivos y *squares* arbolados, el acuerdo social en torno a la demanda de control del hábitat que conduce a la tipificación de las viviendas y el respeto a las normativas de la construcción (alineaciones de calles, alturas y cubicaciones estándar). Ello es válido para los barrios señoriales de Bloomsbury, Belgravia, Mayfair, North y South Kensington, etc., que con cierta variedad estilística se constituyen como partes de una ciudad morfológicamente homogénea.[34] Las instituciones metropolitanas hacían de polos de cualificación zonal de las residencias privilegiadas y de generadores de espacio público como es el caso del British Museum (1823-1847), por ejemplo, que incentiva la terminación del barrio de Bloomsbury.

Así la tradicional bipolaridad de Londres entre la city y Westminster evoluciona hacia una articulada constelación policéntrica, unida por el sistema de los grandes parques metropolitanos y por la densa red de transportes ferroviarios.

Éste es un nuevo concepto espacial según el cual los diferentes espacios públicos, sin carecer de carácter e individualidad, se someten a unos principios de tipo general, a una cierta estandarización y serialidad. Esto ocurriría también si el plan Cerdá de Barcelona, 1858, se hubiera llevado a cabo tal como la teoría cientifista de Cerdá[35] lo había concebido. En este Plan estaba prevista la dimensión, la proporción y la geometría de lo que correspondía al "espacio libre", igual que estaba definido el espacio destinado a la edificación. El organigrama de la disposición urbana preveía los espacios a reservar para los edificios civiles y los parques. El plan Cerdá constituye un paso adelante hacia el tecnicismo y la abstracción en la concepción espacial de la ciudad moderna que denunciaba Camillo Sitte.

En el Plan Hobrecht para Berlín prácicamente coetáneo, 1862, la metrópoli capitalista, muestra total indiferencia por lo público a favor de la intensiva explotación del suelo edificable, lo que se manifiesta en la gran deficiencia del plan en espacios públicos. El Plan definía sólo las grandes manzanas de edificación a base de la característica *Mietkaserne*, "cuarteles de alquiler" cuyas dimensiones tipológicas estaban establecidas por el reglamento de policía berlinés de 1853, dejando atrás toda una tradición de espacios públicos y la monumentalización de Berlín por Shinkel, entre otros grandes arquitectos. La decisión de no intervenir en el centro histórico, es porque se considera un problema ya resuelto por los embellecimientos de la época federiquiana.

Las ciudades modernas en adelante prestarán una extremada atención a las obras de infraestructuras (transporte, alcantarillado, conducciones de energía) relegando la función representativa y de los espacios públicos, al centro monumental de la ciudad antigua. Berlín se transforma así, en un "gigante en continuo desarrollo", una inmensa "ciudad cuartel", desde el momento en que más de la mitad de sus habitantes viven, a principios del siglo XX, en los grandes bloques con patio.[36] Como es sabido, precisamente contra este proceso de crecimiento urbano ilimitado, compacto y de alta densidad, se alzará en esos mismos años, un movimiento de opinión encabezado por Hermann Muthesius, Werner Hegemann, Otto March y Paul Schultze-Naumburg, quienes, inspirándose en las teorías inglesas sobre la ciudad jardín, reconstruyen como modelo residencial los barrios suburbanos de baja densidad, poniendo las bases de la estrategia proyectual de las *Siedlungen*. En los barrios racionalistas alemanes bajo el régimen de Weimar, resurgiría una preocupación por el espacio público, que se plasmará en interesantes respuestas como la plaza en forma de herradura de Britz Siedlung de Berlín.

El concepto de Ciudad Jardín y la Ciudad Lineal que se difundieron como dos ideogramas alternativos a la ciudad histórica, han significado la disolución conceptual de la ciudad tradicional y el fracaso definitivo del espacio público que se resuelve dentro de una patente ambigüedad entre lo público y lo privado y que tiene su origen en las *squares*.

Dentro del siglo XIX el Ring de Viena culmina y resume probablemente la discusión teórica sobre el espacio público del siglo XIX. En esta discusión se representan las dos vertientes ideológicas. La triunfante propuesta de Otto Wagner para la *Groszstadt* y la reflexión de Camillo Sitte sobre el "arte urbano". Nos encontramos ante un plan a través del cual la autoridad pública, además de guiar a la iniciativa privada, implica a los profesionales más cualificados para producir una exaltación retórica de los símbolos del poder, a través de los excesos ornamentales de la arquitectura ecléctica. Pero indudable es que, con estas obras Viena recibe no sólo una adecuada dotación de equipamientos, servicios colectivos, espacios públicos y parques, sino también una estructura clara de su concepción urbana. A través de esta estructura, deliberada-

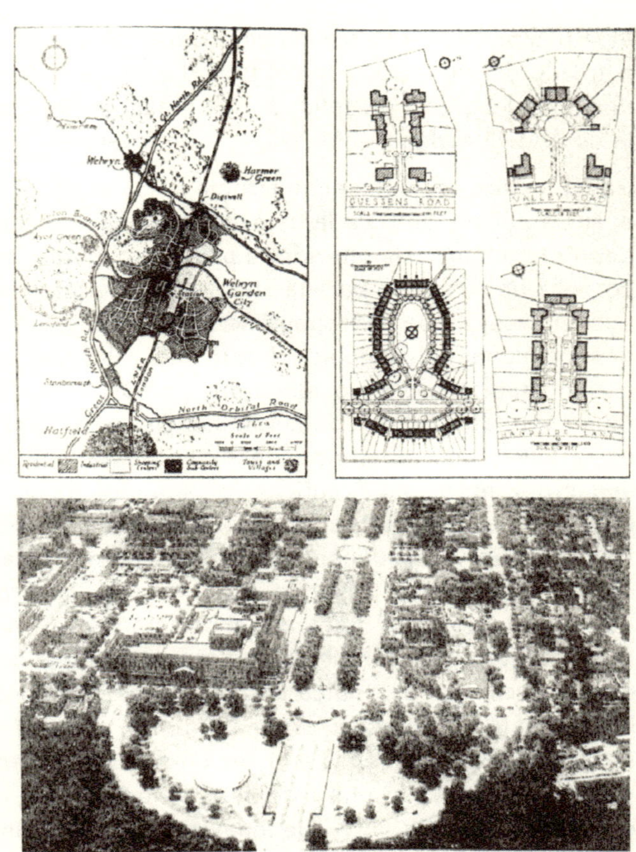

Welwyn, Ciudad Jardín.

mente la metrópoli se escinde en dos: el centro directivo y terciario marcado por un férreo control formal a través de la arquitectura y el diseño del espacio de calidad y las áreas periféricas donde el control y la normativa ceden a *laissez-faire* sin proyectos y sin calidad.

Hacia finales del siglo, el imparable crecimiento urbano como consecuencia del aumento de la demanda de vivienda, impone la necesidad de definir una hipótesis ulterior de planificación de conjunto. En 1892 se convoca un concurso para la elaboración del plan de la Gross Wien, es decir, la vasta área metropolitana que se extiende más allá de *Linenwall* hasta el canal del Danubio. El dato más relevante del proyecto que obtiene el primer puesto, elaborado por Otto Wagner, es el papel dominante del sistema de las líneas de metro, que serán realizadas entre 1894 y 1897 con formas técnicas y estéticas de vanguardia. El aspecto latente más significativo es la idea de confiar a la tela de araña de los transportes ferroviarios la función de soporte y de incentivo, de una expansión potencialmente ilimitada de la metrópoli, como aclara el propio Wagner en el ensayo *Die Groszstadt,* de 1911. La hipótesis, sólo aparentemente abstracta e intelectualista, es la lógica y realista interpretación de un fenómeno de expansión en marcha. El esquema conceptual indica un potencial crecimiento urbano por anillos en expansión progresiva hasta el infinito, como círculos en el agua. Pero Otto Wagner piensa a la vez en abstracto y en arquitectura. Es precisamente el personaje de esta generación de arquitectos a caballo entre los siglos XIX y XX que todavía piensan la ciudad en términos arquitectónicos y espaciales. La vista de pájaro y la planimetría del "distrito XXII de la Viena del futuro" muestran el último foro de la genealogía proyectado con un absoluto control arquitectónico del espacio.

SIGLO XX. ESPACIO LIBRE VERSUS ESPACIO PÚBLICO

En la ciudad moderna y contemporánea, debido a la enorme dilatación que experimentan los espacios libres, pocas son las ocasiones en que se pueda aplicar esta concepción de lo urbano, esa continuidad entre espacios cerrados y abiertos, esa composición itinerante y fluida de interiores y exteriores que parece ser una de las características principales de los espacios públicos. La noción de espacio público está directamen-

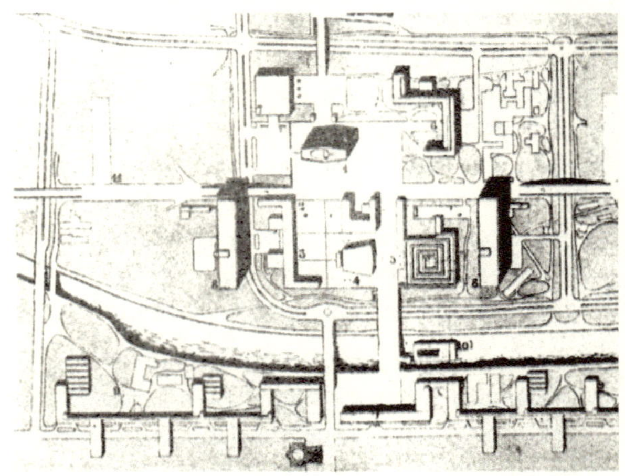

Horlow New Town y centro de
Sanint Diè de Le Corbusier.

te ligada a una concepción integrada y no sectorializada de las actividades urbanas donde se diluyen los compartimentos y las rígidas separaciones entre las partes y se favorece la penetrabilidad y la fluidez espacial; frente a la especialización, la mezcla, superposición e hibridación de elementos. En esa estrategia juegan un papel decisivo, como hemos visto, los atrios, los pórticos, las galerías y en general, todos los espacios de transición que establezcan un vínculo entre situaciones distintas.

En el espacio moderno, suele prevalecer por el contrario, la separación, la especialización, la discontinuidad y el aislamiento, tanto funcional como morfológico; y estas características vienen además acentuadas por el gran tamaño de la ciudad y por las grandes distancias a las que se disponen sus diversas partes.

Pocos son los ejemplos que, a lo largo del siglo XX, se hayan planteado el tema de la creación de lugares públicos representativos y los hayan resuelto con éxito. Esta impresión se tiene, por ejemplo, visitando el edificio proyectado por Le Corbusier y el grupo de arquitectos brasileños encabezado por Lucio Costa para la sede del Ministerio de Educación y Cultura MEC en Río de Janeiro. Los libros suelen reducir el edificio del MEC a su monumental Brise-soleil. Casi nadie se refiere, en cambio, a su espléndida implantación, que construye a sus pies una plaza presidida por un pórtico de 10 m de altura que sirve de atrio al edificio y cuyo atravesamiento señala el principal itinerario urbano del sector.

La Ciudad Universitaria de Caracas, obra de Carlos Raúl Villanueva es otro ejemplo de espacio complejo. Los edificios y los espacios abiertos se entretejen entre sí con espacios cubiertos que son la clave de su éxito. Un sistema de calles cubiertas desemboca en una plaza en que la sombra, la luz tamizada por pérgolas y celosías, la presencia de la vegetación, etc. definen las condiciones apropiadas para un lugar público en el trópico.

Alvar Aalto en Seinäjoki tuvo la oportunidad de proyectar y construir un completo "corazón de ciudad". Este centro fue la síntesis de Aalto de dos referencias urbanas esenciales: el ágora griego con su composición de distintas piezas funcionales y tipologías edificatorias asentadas sobre un terreno natural y Bergamo, la ciudad medieval del norte de Italia con su plaza de mercado central como un auténtico centro social, político y cultural acentuado por su torre del reloj.

Carlos Raúl Villanueva, Ciudad
Universitaria de Caracas.

La nueva generación de los espacios públicos que se corresponde con la segunda revolución tecnológica, la globalización económica y cultural son los grandes centros comerciales, los grandes foros de espectáculos y equipamientos culturales que por su escala y monumentalidad constituyen los hitos de la nueva ciudad. Piénsese en la Biblioteca Nacional de Francia de Dominique Perrault con su gran explanada-plaza pública o en la plaza Sony de la reciente Postdamer platz. La transfiguración de la estoa hoy consiste en los grandes *lobies* o espacios intermedios de las importantes corporaciones, que son espacios perfectamente controlados ambientalmente y donde el derecho de admisión está reservado; son espacios privados. El vacío de la plaza tradicional como lugar de comunicación, ha sido sustituido por el lleno de los objetos de consumo en el espacio de la competitividad y el anonimato.

El antropólogo francés Marc Augé ha calificado los espacios de la sobremodernidad como **"no-lugares"**, lugares del anonimato; son el fenómeno definido por la sobreambundancia y el exceso.[37] Son siempre espacios de tránsito, espacios de escasa comunicación interpersonal que se contrastan en todo con la cultura de lugar tradicional concebido para el encuentro, la comunicación y el intercambio. En los no lugares, en los lugares de la autopista, centros comerciales, aeropuertos, intercambiadores de modalidades de transportes no existe comunicación. Son lugares donde las barreras se levantan con tarjetas magnéticas, los intercambios se hacen con tarjetas de crédito y otros dispositivos de identificación, donde la comunicación se reduce al mínimo o es nula. El lenguaje pierde su función donde funciona la carta de embarque, el carnet de identidad, el pasaporte, el localizador, la acreditación. Son lugares donde el usuario pretende pasar lo más rápido e inadvertido posible, quedar atrapado el menor tiempo posible, por eso la predilección por la velocidad de trenes, aviones -no lugares que llevan de un lugar a otro- o no lugares donde la gente pretende integrarse completamente y pasar desapercibido en la masa. En los aviones se vive la experiencia máxima del no lugar, deseo de duración mínima, y mínimo contacto con la realidad de vientos y turbulencias; en definitiva caída en una experiencia narcotizante que permite a Paul Virillo anunciar que "la ópera de hoy es el boeing 747, nueva sala de proyección en la que se intenta compensar la monotonía del viaje con el atractivo de las imágenes, festival de las travesías aéreas, desurbanización pasajera en la que las metrópolis de los sedentarios es sustituida por las micrópolis

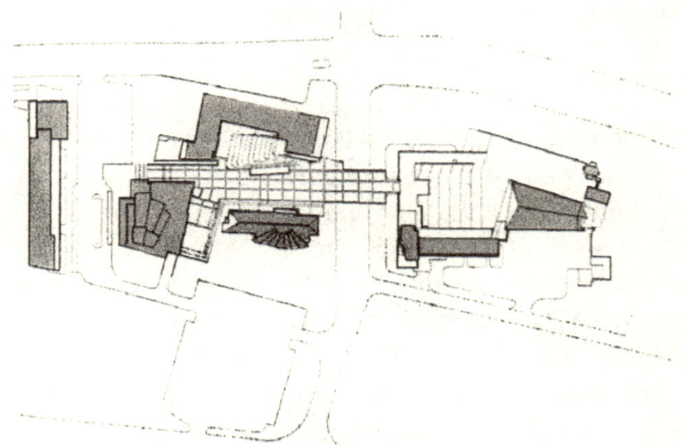

Alvar Aalto, Centro
Cívico de Seinäjoki.

nómadas y merced a la cual el mundo sobrevolado pierde todo interés, hasta el punto en que el confort subliminal del avión supersónico impone su ocultación total, y quizás exija en el futuro la extinción de las luces y la narcosis de los pasajeros.[38]

"Hace unos años el filósofo y matemático Javier Echeverría publicó *Telépolis* que estaba construida como una metáfora. La realidad emergente se concebía como una ciudad planetaria o ciudad a distancia, basada en nuevas formas de organización social derivadas de la actual revolución informática. Más tarde en otro ensayo *Cosmopolitas domésticos,* Echeverría afrontaba el tema de la incidencia de esa revolución en la vida cotidiana y en sus principales escenarios: la casa y el lugar de trabajo que, bajo el dominio de lo digital, tienden a fundirse en una sola cosa. Este análisis prosiguió después con mayor profundidad y consistencia en *Los señores del aire*, libro en el que el autor establece el fundamento teórico de una estrategia cuya aplicación habría de permitir pasar del actual 'neufeudalismo informático' basado en el poder ilimitado de los actuales 'señores del aire' a un sistema más civilizado, regulado por normas controladas democráticamente.

"Reviste especial interés la teoría de *los tres entornos* enunciada por Echeverría. De un modo muy esquemático puede resumirse: el hombre ha vivido hasta ahora en tres entornos que se han sucedido en el tiempo. El primer entorno es la *naturaleza* entendida como escenario de las sociedades humanas primitivas; el segundo entorno es la ciudad donde la humanidad ha venido desarrollando formas más ricas y complejas de organización política y social; finalmente, el tercer entorno, que inicia ahora su andadura, es el *ciberespacio* que implica una radical mutación en conceptos tales como la distancia, el tiempo o la identidad.

"En este punto cabría de sospechar que la argumentación de Echeverría viene a reforzar la idea de quienes, a la vista de las dificultades que hoy encuentra la ciudad contemporánea para definir los lugares públicos que le corresponden, consideran que éste es un problema anacrónico, y que las nuevas tecnologías de la información convierten en inútiles aquellos aspectos propios de la ciudad tradicional, que garantizaban el desarrollo de la vida pública, la libre reunión y el intercambio personal de ideas, productos o sentimientos. Pero en este discurso no se avalan en absoluto estas posiciones.

Berlín, Plaza Sony.

R. Niemeyer, Brasilia, Palazzo dell'Alvorada.

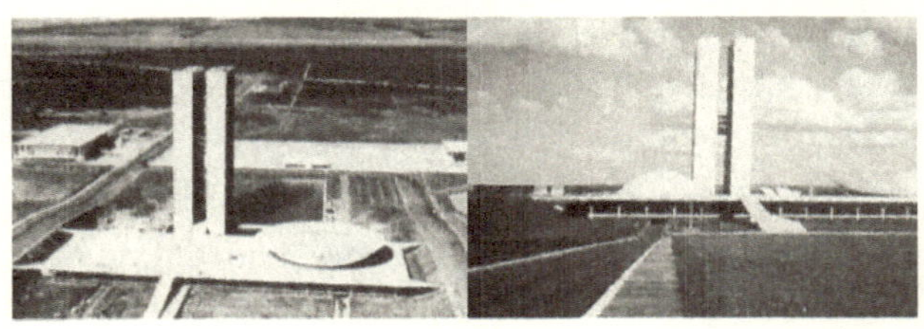

Brasilia, Plaza de los
Tres Poderes.

"Los tres entornos que define, son cronológicamente sucesivos, pero la aparición del siguiente no comporta la cancelación de los anteriores; por el contrario, la emergencia de cada entorno refuerza la necesidad del precedente, hasta el extremo de que esa pervivencia del anterior entorno se convierte en condición *sine cua non* de la afirmación de lo nuevo.

"Por ejemplo, la extensión universal de la cultura urbana no sólo no ha disminuido la importancia del entorno natural sino que precisamente ha evidenciado su valor irremplazable; la decadencia de la ciudad comienza justo en el momento en que ésta no es capaz de conciliar su existencia con la preservación y la puesta en valor de la naturaleza en la que se inscribe.

"Del mismo modo el ciberespacio nace y se desarrolla en el seno de la cultura urbana: se nutre de ella, tal como la ciudad se ha venido nutriendo de naturaleza. Por consiguiente, la revolución tecnológica en curso asentará el ciberespacio como tercer entorno, sólo a la medida en que garantice la supervivencia de la ciudad entendida como espacio habitable. No es casual que el escritor, conciba *Telépolis* a partir del modelo de la *polis* griega. Si lo que caracteriza a la ciudad es el primado de los lugares públicos como ámbito de intercambio y de conocimiento, la *polis* es la ciudad por antonomasia.

"La correspondencia simultánea e interactiva de los tres entornos es lo que otorga complejidad al mundo actual. Cualquier intento de unidimensionalizar la situación, está condenado al fracaso: una ciudad sin naturaleza conduce a la decadencia y a la larga a la extinción de ambas. Del mismo modo un ciberespacio sin ciudad llevaría a una nueva barbarie y acarrearía otras formas de destrucción. Es preciso comprender que habitamos a la vez los tres entornos: el *ciberespacio*, la *ciudad,* y la *naturaleza*; y que esos tres entornos no sólo son compatibles entre sí, sino que se necesitan mutuamente.[39]

"Desde este punto de vista se hace necesario replantear la cuestión de los lugares públicos en la ciudad contemporánea. Es preciso investigar el modo en que los usos, los ritos y las formas urbanas puedan encarnar, hoy, el sentido de lo público. Somos conscientes de que una investigación de este tipo, sólo alcanzará verdadera importancia cuando sea afrontada desde múltiples visiones disciplinares. Pero para construir una alternativa, siquiera teórica, a la ideología liberal/capitalista que hoy prevalece, hay que empezar por armar un discurso, una teoría capaz de oponerse a los no lugares.

Le Corbusier, Chandigarh,
Palacio de Justicia.

Mies van der Rohe. Berlín,
Galería Nacional.

REFERENCIAS BIBLIOGRÁFICAS

[1] Camillo Sitte, *Construcción de las ciudades según principios artísticos* en George R. Collins y Cristiane C. Collins, *Camillo Sitte y el nacimiento del urbanismo moderno,* G. Gili, Barcelona, 1980.

[2] C. Martí, Conferencia pronunciada en la Fundación COAM el 26 de abril de 2001, con título "Lugares públicos".

[3] Bernardo Secchi, *Prima lezione di urbanistica*, Laterza, 2000.

[4] Bruno Zevi, *Saber ver la arquitectura*, Poseidón, Barcelona, 976.

[5] El arquitecto griego K. Doxiadis titulado por la Universidad Politécnica de Atenas, ha formulado una teoría sobre los principios de la ordenación del espacio en la arquitectura clásica griega, que ha constituido el tema de su Tesis Doctoral en la Universidad Politécnica de Berlín. Esta teoría se acogió con entusiasmo en los ciclos arquitectónicos y arqueológicos de Berlín y se editó por Reichsar-Beitsgemeinsnshaft y Deutsche Academie für Städteban Reichs. Según se ha comprobado se trata no simplemente de una interpretación subjetiva, sino de una demostración objetiva de los principios de armonía y estética en los antiguos. Esta teoría se opone críticamente a los dos tipos de teorías que se refieren a los principios estéticos del espacio en la arquitectura clásica. Estas teorías se basan en las relaciones armónicas de los polígonos regulares por un lado, y por otro, en la proyección ortogonal que, a su vez, se basa en la armonía de las llamadas proporciones dinámicas.

Las referencias de esta teoría proceden de un texto del arquitecto griego Dimitris Pikionis, que hemos traducido del griego, y que está publicado en la revista *to trito mati* (traducido, *tercer ojo)* de los años 30.

[6] Énfasis de las columnas, convergencia de los ejes hacia dentro, columnas más gruesas en las esquinas del templo, curvatura del estilobato, curvatura de la cornisa bajo el frontón, inclinación del témpano hacia fuera... son las más conocidas.

[7] Auguste Choisy, *Histoire de l' Architecture.*

[8] Richard Senett, *Carne y piedra,* Alianza Editorial, Madrid, 1997, pp. 56-72.

[9] *Op. cit.* p. 89

[10] *Op. cit.* pp. 120-126.

[11] Camillo Sitte pp. 162-166.

[12] R. Lanciani. *The ruins and Excavations of Ancient Rome,* citado por A. E. J. Morris, Historia de la forma urbana, G. Gili, Barcelona 1998 (6ª edición) p. 69.

[13] Jérôme Carcopino, *La vita quotidiana a Roma all'apogeo dell'impero,* Laterza, Bari, 1930. Versión castellana: *Las etapas del imperialismo romano,* Paidos SAICF, Buenos Aires, 1949.

[14] Paul Zucker, *Town and square* citado por A. E. J. Morris p. 71.

[15] R. Lanciani, *op. cit.,* A. E. J. Morris p. 71.

[16] C. Sitte, *op. cit.* pp. 171-172.

[17] Lewis Mumford, *La ciudad en la Historia*, (2ª edición) Ediciones Infinito, 1979.

[18] *Op. cit.* p. 303.

[19] Daniel Waley, *Italian City-Republics*, cit. A. E. J. Morris, p. 1 1.

[20] W. Lotz, *La arquitectura del Renacimiento en Italia*, (1977), Herman Blume, Madrid, 1985, pp. 77-115.

[21] Paul Zucker, *Town and square.*

[22] Francesco Sansovino, *Venezia Città Nobilísima,* de 1581. fol. 112, citado por Wolfgang Lotz, *op. cit.* p. 86.

[23] Véase Wolfgang Lotz, *op. cit.* pp. 149-150.

[24] Fernando R. de La Flor, "La ciudad como teatro poético-político", *Astrágalo 12,* 1999, pp. 91-98.

[25] John Summérson, *Georgian London,* Massachusetts Institute of Technology Press, Mass., 1978.

[26] S. E. Rasmussen, *London, the Unique City,* Massachusetts Institute of Technology Press, Mass., 1967.

[27] Laugier, *Essai sur l'Architecture,* (París 1755), edición española, Akal, Madrid, 1999.

[28] Benedetto Gravagnuolo, *Historia del urbanismo en Europa (1750-1960),* Akal Arquitectura, Madrid 1998, p. 24. (1ª ed. en italiano 1991).

[29] B. Gravagnuolo, *op. cit.* p. 26.

[30] C. Sambricio, *La arquitectura española de la Ilustración,* Consejo Superior de los Colegios de Arquitectos de España e Instituto de Estudios de la Administración Local, Madrid 1998, pp. 253-256.

[31] R. Wittkower, *Palladio and English Palladianism*, Londres, 1974, cit. B. Gravagnuolo *op. cit.* p. 29.

[32] Carlos Sambricio, *La arquitectura española de la Ilustración*, Consejo Superior de los Colegios de Arquitectos de España e Instituto de la Estudios de Administración Local, Madrid, 1986, pp. 230-232.

[33] F. Engels, *El problema de la vivienda en las grandes ciudades*, (1887) Madrid, Alberto Corazón, 1970.

[34] S. Giedion, *Espacio, tiempo y arquitectura. El futuro de una nueva tradición*, Dossat, Madrid, 1978. (1ª ed. en inglés 1941).

[35] I. Cerdá, *Teoría general de la urbanización, y aplicación de sus principios y doctrinas a la reforma y ensanche de Barcelona*, (Madrid, 1867).

[36] La definición de Berlín como "gigante en continuo desarrollo se debe a M. Mächler, "Neubau", en *Frühlcht*, fasc. 4, cit. B. Gravagnuolo, *op. cit.* p. 57.

[37] Marc Augé, Los no-lugares. Espacios del anonimato. Una antropología de la sobremodernidad, Editorial Gedisa, Barcelona, 1994.

[38] Paul Virilio, *La estética de la desaparición.*

[39] Carles Martí, conferencia citada.

www.ingramcontent.com/pod-product-compliance
Lightning Source LLC
Chambersburg PA
CBHW020736160726
47993CB00006B/2473